DUDEN
Schülerhilfen
Größen und Maße

DUDEN
Schülerhilfen

DEUTSCH

Aufsatz 1
(2. und 3. Schuljahr)

Aufsatz 2
(3. und 4. Schuljahr)

Schreibspiele
(ab 3. Schuljahr)

Lesespiele
(ab 3. Schuljahr)

Rechtschreibung 1
(2. und 3. Schuljahr)

Rechtschreibung 2
(3. und 4. Schuljahr)

Rechtschreibung 3
(4. und 5. Schuljahr)

Grundwortschatz
(3. und 4. Schuljahr)

Schön schreiben und gestalten
(für die Grundschule)

Grammatik
(4. und 5. Schuljahr)

MATHEMATIK

Grundrechenarten 1
(ab 2. Schuljahr)

Grundrechenarten 2
(ab 3. Schuljahr)

Größen und Maße
(ab 5. Schuljahr)

Rechenspiele
(ab 5. Schuljahr)

Gleichungen und Ungleichungen 1
(5. und 6. Schuljahr)

Rechenbäume – Terme – Texte
(5. und 6. Schuljahr)

Lösen von Sachaufgaben
(5. und 6. Schuljahr)

Flächen und ihre Berechnung I
(5. bis 8. Schuljahr)

Körper und ihre Berechnung I
(5. bis 8. Schuljahr)

Dezimalbrüche
(6. Schuljahr)

Teiler und Vielfache
(6. Schuljahr)

Brüche
(6. und 7. Schuljahr)

Dreisatz und Prozente
(6. bis 8. Schuljahr)

Aufbau des Zahlensystems, vollständige Induktion
(ab 7. Schuljahr)

Gleichungen und Ungleichungen 2
(7. und 8. Schuljahr)

Bruchgleichungen und Bruchungleichungen
(8. Schuljahr)

Textgleichungen 1
(8. Schuljahr)

Gleichungen mit zwei Unbekannten
(8. und 9. Schuljahr)

Textgleichungen 2
(9. Schuljahr)

Quadratische Gleichungen und Ungleichungen
(9. Schuljahr)

Flächen und ihre Berechnung II
(9. und 10. Schuljahr)

Körper und ihre Berechnung II
(9. und 10. Schuljahr)

Trigonometrie
(10. Schuljahr)

Weitere Bände sind in Vorbereitung

DUDEN Schülerhilfen

Größen und Maße

Texte und Aufgaben zum selbständigen Üben
für Schüler ab dem 5. Schuljahr

von Klaus Volkert

Gestaltung und Illustrationen
von Doris Rübel

DUDENVERLAG
Mannheim · Leipzig · Wien · Zürich

CIP-Kurztitelaufnahme der Deutschen Bibliothek
Duden-Schülerhilfen
Mannheim; Wien; Zürich: Duden-Verl.
Mathematik / von Klaus Volkert
Größen und Maße: ab 5. Schuljahr. - 1987.
ISBN 3-411-02610-3
NE: Volkert, Klaus [Mitverf.]

Druck und Bindung: Offizin Andersen Nexö Leipzig GmbH
Gedruckt auf Eural Super Recyclingpapier matt gestrichen
der Papeterie Bourray, Frankreich.
Printed in Germany
ISBN 3-411-02610-3

Inhaltsverzeichnis

Hanna hat ein Problem 7

Wie Hanna rechnen lernte 8

Wie das Buch gegliedert ist 9

Wie du üben kannst 10

Das Messen 11

Maßsysteme und Umwandlungen von Maßen 17

Längenmaße 18

Die Zehnerleiter rauf und runter 18

Kommaschreibweise 24

Textaufgaben 29

Flächenmaße 31

Große Schritte: die Hunderterleiter 31

Kommaschreibweise 36

Textaufgaben 41

Gewichtsmaße 44

Ganz große Schritte: die Tausenderleiter 44

Kommaschreibweise 47

Textaufgaben 51

Zeitmaße 53

Zeitspannen 53

Zeitpunkte 58

Textaufgaben 63

Geschwindigkeit ist keine Hexerei 65

Inhaltsverzeichnis

Währungen 70

Ausländische Währungen und Wechselkurse 75

Textaufgaben 78

Vermische Aufgaben 80

Lösungen 82

Die Bedeutung der häufig auftretenden Vorsilben 96

Hanna hat ein Problem

Gestern hat Hanna Besuch von ihre Tante bekommen. Tante Marianne hat Hanna von ihrem Urlaub in Frankreich erzählt und ihr 40 Französische Franken geschenkt, die sie übrig behalten hatte. Jetzt fährt Hanna in die Stadt, um das französische Geld auf einer Bank in Deutsche Mark umzuwechseln. Den Betrag, den sie erhält, darf sie dann ausgeben. Hanna überlegt: „Der Eintritt für Kinder ins Kino kostet 5 DM. Eine Portion Eis mit meinen Lieblingssorten Nuß, Kirsche und Erdbeer gibt es für 1,50 DM. Außerdem möchte ich noch eine Riesentafel Schokolade haben. Ob mein Geld dafür ausreicht?“

Wie Hanna rechnen lernte

Hanna weiß sich zu helfen. Sie betrachtet die Tafel mit den Wechselkursen, die im Fenster der Bank aufgestellt ist. Sie rechnet kurz nach und weiß die Antwort. Kennst du sie auch?
Hanna ist 12 Jahre alt und geht in die 5. Klasse. Mit ihren Eltern und ihren Geschwistern wohnt sie in einem Haus am Stadtrand von Köln. Gerne fährt sie mit der Straßenbahn in die Innenstadt. Dort geht sie am Rheinufer spazieren. Sie füttert Enten und Schwäne und schaut den vorbeifahrenden Schiffen zu. An den Anlegestellen der Ausflugsdampfer liest sie neugierig die Plakate.

Hanna ist mit Peter befreundet. Peter wohnt in der Nachbarschaft und geht in dieselbe Klasse wie Hanna. Oft gehen sie zusammen zur Schule. Auf ihrem Weg kommen sie an einem Lebensmittelgeschäft vorbei, vor dem Hanna plötzlich stehenbleibt. „Das ist ja was! Die meinen wohl, die Leute seien doof!" Auf einem Schild liest Peter:

Wie das Buch gegliedert ist

Oft spielen die beiden Kinder „Wettrechnen“. Wer die richtige Antwort findet, darf das nächste Rätsel stellen. Dabei wundert sich Peter oft über Hannas Rechenkünste.

Das Rechnen mit Größen bereitete Hanna anfänglich Schwierigkeiten. Sie warf so manches durcheinander: Sind nun 2 m soviel wie 200 cm oder 2 000 cm? Ist ein halbes kg dasselbe wie 500 g? Die Mutter sagte immer: „Da hilft nur Üben!“ Dieses Buch will dir beim Üben helfen. Du findest in ihm die wichtigsten Maßsysteme. Für jedes gibt es ein Kapitel: die Längenmaße, die Flächenmaße, die Gewichtsmaße, die Zeitmaße und die Währungen. Übe am besten in der Reihenfolge, wie ihr in der Schule vorgegangen seid. Beginne aber auf jeden Fall mit dem Kapitel „Das Messen“. Hier erfährst du einiges, was du später im Buch immer wieder brauchen wirst.

In jedem Kapitel wird zuerst erklärt, wie das Maßsystem aufgebaut ist und mit welcher Umwandlungszahl du rechnen mußt. Hanna stellt sich gerne einen kleinen Affen vor, der an einer Leiter auf und ab turnt. Hannas Äffchen wird dir in diesem Buch oft begegnen. Es gibt Zehner-, Hunderter- und Tausenderleitern. Aber Hanna verwechselt die Leitern nicht mehr. „Das ist reine Übungssache“, hat sie neulich Peter erklärt. Peter hatte mal wieder gemeint, 1 kg seien 100 g.

Besonders wichtige Sätze erkennst du an diesem Zeichen. Diese Sätze solltest du auswendig lernen.

Wie du üben kannst

Besorge dir ein Päckchen kleiner Karteikarten, auf die du die Merksätze übertragen kannst. Später kannst du damit ein Quiz veranstalten: Jemand zieht eine Karte und stellt dazu eine Frage. Zum Beispiel: „Welches ist die Umwandlungszahl bei Gewichten?“ Die Musteraufgaben mit ihren Lösungen wollen dir zeigen, wie du rechnen mußt. Du erkennst sie an der Meßlatte am linken Rand des Textes.

Ein Tip: Schau dir zuerst zwei oder drei Teile einer Aufgabe und ihrer Lösung genau an. Versuche dann, die restlichen Aufgaben selbständig zu finden. Vergleiche aber immer mit den Lösungen! Dort findest du auch Hinweise auf häufig vorkommende Fehler. Hast du die Musteraufgaben aufmerksam bearbeitet, dann werden dir die Aufgaben zum selbständigen Lösen nicht mehr schwerfallen. Übe nicht zu lange; eine Viertelstunde am Tag genügt. Die Verwendung der Kommaschreibweise ist bei Größen besonders nützlich. Deshalb findest du in jedem Kapitel (außer bei den Zeitmaßen) einen Abschnitt darüber. Auch er enthält Erklärungen, Musteraufgaben und Aufgaben zum selbständigen Lösen. Die Kommaschreibweise solltest du erst dann üben, wenn ihr sie in der Schule besprochen habt. Vorher überspringst du diese Abschnitte einfach. Zum Schluß eines jeden Kapitels gibt es einige Textaufgaben. Auch deren Lösungen findest du am Ende des Buches. Schließlich gibt es noch die „Vermischten Aufgaben“. Mit ihnen kannst du ausprobieren, ob du das Buch sorgfältig durchgearbeitet hast. Hier geht es kunterbunt durcheinander. Hanna schaffte die „Vermischten Aufgaben“ mit nur vier Fehlern. Wenn du das auch hinkriegst, dann hast du gut geübt. Wenn nicht, mußt du halt noch ein bißchen mehr üben; denn: Übung macht den Meister!

Das Messen

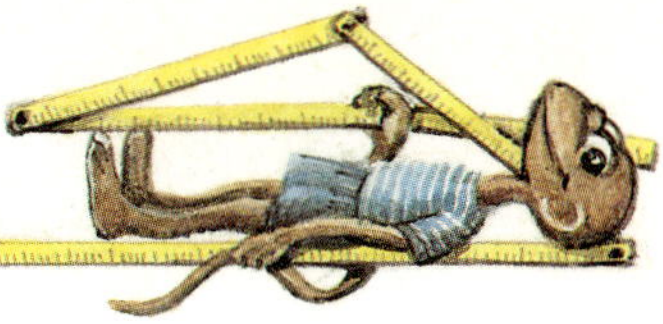

Verschlafen

Als Holger aufwacht, ist es bereits 7 Uhr 15. O je! Er hatte am Abend vergessen, den Wecker aufzuziehen. Schnell springt Holger aus seinem Bett und flitzt ins Bad. Zum Waschen und Anziehen braucht er heute nur fünf Minuten. Dann rennt er in die Küche. Die Küche ist sehr eng. Der Vater sagt manchmal scherzhaft: „Zehn Quadratmeter reichen gerade für einen Hundezwinger." Holger gibt drei Meßlöffel Kakaopulver in einen halben Liter Milch und stürzt den Kakao hinunter. Schnell steckt er die zwei DM für die Schulmilch ein, die seine Mutter ihm auf den Tisch gelegt hat. Dann rennt er in den Keller, um sein Fahrrad zu holen. „Schon 7 Uhr 30", denkt er, „mit dem Fahrrad schaffe ich 20 km in der Stunde." Bis zur Schule sind es 6 km. Um 7 Uhr 45 klingelt es. Das wird knapp! Holger tritt mächtig in die Pedale. Sein Schulranzen, der fast 5 kg wiegt, drückt ihn arg. Nach

18 Minuten erreicht er die Schule. „Es hat schon geklingelt", muß Holger feststellen, „ich komme zu spät zur Mathestunde". Er klopft an und öffnet vorsichtig die Tür zum Klassenzimmer. An der Tafel steht Frau Ziffer. Sie schreibt gerade die Überschrift zum neuen Stoffgebiet an:

Größen und Maße

In dieser kleinen Geschichte sind eine Menge Größenangaben versteckt. Suche sie einmal heraus! Mit welchen Instrumenten mißt man die Größen, die du gefunden hast? Wie heißen die dazugehörigen Maßeinheiten?

Das Messen

Der Apfelkauf

Frau König kauft heute auf dem Markt ein. Sie verlangt drei Kilo Äpfel am Gemüsestand. Zum Messen des Gewichts benützt die Händlerin eine Balkenwaage. Als Maßeinheit verwendet sie Gewichte von einem Kilo. Sie stellt drei von diesen auf die eine Waagschale. Dann schüttet sie solange Äpfel auf die andere, bis beide Seiten im Gleichgewicht sind. Das Gewicht der Äpfel beträgt:

3 mal 1 Kilo = 3 Kilo

Die Eisenbahnfahrt

Herr Huber fährt mit der Bundesbahn von Saarbrücken nach Hamburg. Er möchte wissen, wie lange seine Reise dauert. Er will also die während der Fahrt vergangene Zeit messen. Dazu nimmt er seine Armbanduhr zu Hilfe.

Das Messen

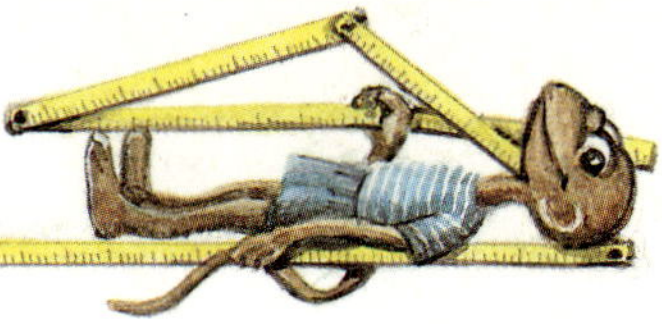

Der Hersteller hat diese so gebaut, daß sich der große Zeiger in einer Stunde genau einmal um das ganze Zifferblatt herumbewegt. Das bedeutet die Maßeinheit. Herr Huber stellt fest, daß sich der große Zeiger genau 7mal dreht während der Fahrt. Damit unser Reisender seine Uhr nicht ununterbrochen beobachten muß, hat diese noch einen kleinen Zeiger. Dreht sich der große einmal, so rückt der kleine nur von einer Ziffer zur nächsten.

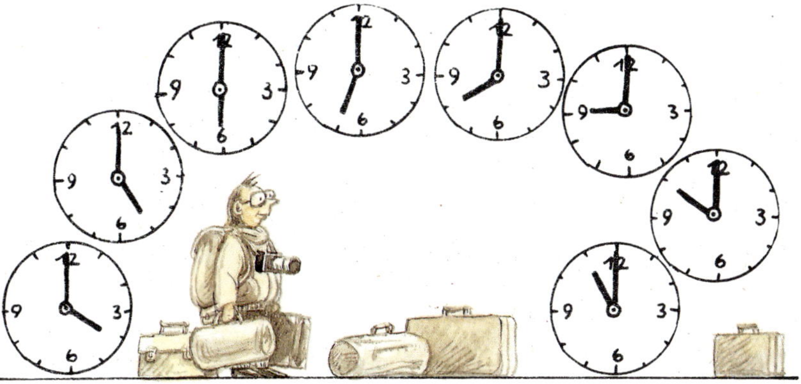

Herr Huber war also sieben Stunden unterwegs.

Messen bedeutet das Vergleichen von Unbekanntem mit Bekanntem hinsichtlich der Vielzahl.

Man fragt: Wie oft paßt die Maßeinheit in das zu Messende?

Das Ergebnis eines Meßvorgangs nennt man eine **Größe.** Größen bestehen aus einer Zahl, genannt **Maßzahl,** und aus einer Einheit, der **Maßeinheit.**

3 Kilogramm

Maßzahl — Maßeinheit

Das Messen

Die Maßzahl gibt an, wie oft die Maßeinheit in die zu messende Menge hineinpaßt.

Musteraufgaben

Aufgabe 1: Nenne andere Maßeinheiten, und gib an, was mit ihrer Hilfe gemessen wird.

Aufgabe 2: Wie lang ist: ein Bordstein, ein Fußballplatz, der Abstand zwischen zwei weißen Pfosten an der Straße?
Wie schwer sind dein Ranzen, ein Pkw, ein Sack Kartoffeln?
Wieviel wiegst du?
Wie lange dauern dein Schulweg, eine Schulstunde, ein 100-m-Lauf?

Das Messen

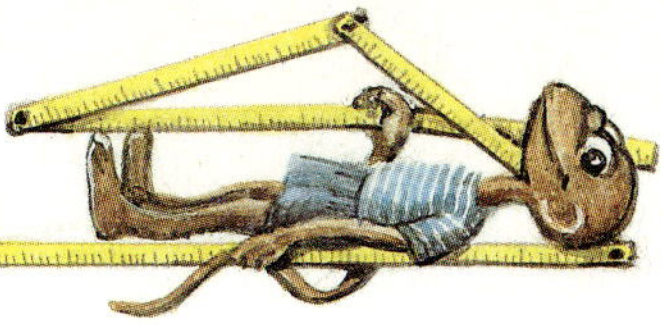

Lösungen der Musteraufgaben

Aufgabe 1:

Längeneinheiten		Gewichtseinheiten	
1 Millimeter	(1 mm)	1 Milligramm	(1 mg)
1 Zentimeter	(1 cm)	1 Gramm	(1 g)
1 Meter	(1 m)	1 Kilogramm	(1 kg)
1 Kilometer	(1 km)	1 Tonne	(1 t)

Zeiteinheiten

1 Sekunde	(1 s)
1 Minute	(1 min)
1 Stunde	(1 h)
1 Tag	(1 d)
1 Jahr	

Einheiten, mit denen man Geld „mißt":

1 Pfennig	(1 Pf)
1 Deutsche Mark	(1 DM)

Aufgabe 2: Die Länge eines Bordsteins beträgt 1 Meter. Ein Fußballplatz ist zwischen 90 und 113 Meter lang. Der Abstand zwischen zwei Straßenpfosten beträgt 50 Meter.

Das Messen

Ein Pkw wiegt zwischen 800 und 1 200 Kilogramm, ein Sack Kartoffeln meist 10 Kilogramm. Es gibt aber auch welche mit 25 Kilogramm. Wieviel du und dein Ranzen wiegen, kann der Verfasser natürlich nicht wissen.
Eine Schulstunde dauert entweder eine volle Stunde oder bloß eine dreiviertel Stunde (= 45 Minuten). Ein 100-m-Lauf dauert, wenn man sehr schnell ist, 10 Sekunden.
Ein Streichholz ist ungefähr 4 cm lang, ein Eisenbahnwagen 20 m. Der Eiffelturm ist 300,5 m hoch.

Wenn das Messen nicht „aufgeht", dann muß die Kommaschreibweise verwendet werden. Sicher ist dir eingefallen, daß es oft mehrere Maßeinheiten für dieselbe Sache gibt. So werden z. B. Längen in Metern, aber auch in Zentimetern, Kilometern und sogar in Lichtjahren (!) angegeben. Man hat es mit ganzen **Maßsystemen** zu tun. In den nachfolgenden Kapiteln werden wir uns das genauer ansehen.

Maßsysteme
und Umwandlungen
von Maßen

Längenmaße

Die Zehnerleiter rauf und runter

Folgende Maßeinheiten für Längen sind bei uns gebräuchlich: 1 Millimeter (abgekürzt: 1 mm), 1 Zentimeter (1 cm), 1 Dezimeter (1 dm) und 1 Kilometer (1 km). Den Zusammenhang der drei erstgenannten Maßeinheiten kannst du am abgebildeten Lineal ablesen.

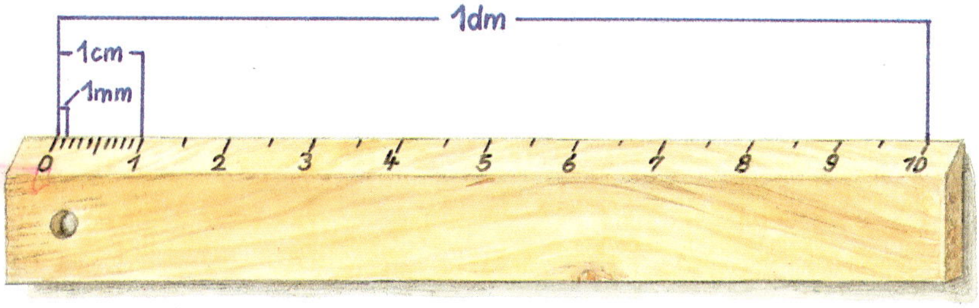

Es ist also: 1 cm = 10 mm
1 dm = 10 cm = 100 mm
1 m = 10 dm = 100 cm = 1 000 mm

Einzig der Kilometer tanzt aus der Reihe: 1 km = 1 000 m

Die Umwandlungszahl bei Längenmaßen ist 10. Das bedeutet: 10mal die kleinere Maßeinheit ergibt einmal die größere Maßeinheit.
Vergrößert man die Maßeinheit, so verkleinert sich die Maßzahl.
Verkleinert man die Maßeinheit, so vergrößert sich die Maßzahl.

100 cm	=	1 m	2 m	=	20 dm
20 mm	=	2 cm	9 cm	=	90 mm
70 dm	=	7 m	11 dm	=	110 cm

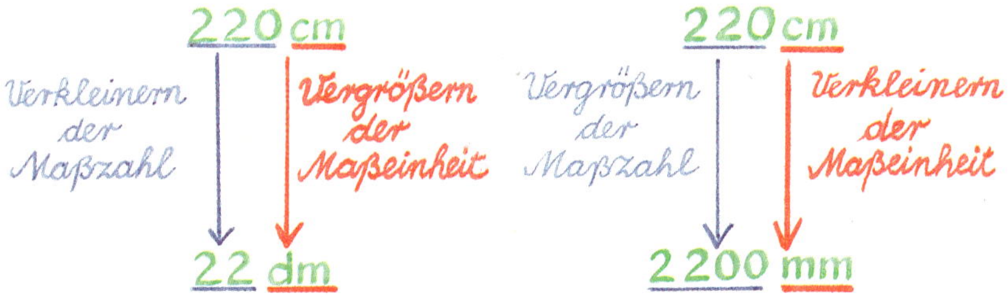

Längenmaße

Um die Lücke zwischen Meter und Kilometer zu schließen, hat man noch die Maßeinheiten 1 Dekameter (1 dam) und 1 Hektometer (1 hm) eingeführt (schau mal auf Seite 96 nach, was diese Wörter bedeuten).
Es ist:

1 dam = 10 m
1 hm = 10 dam = 100 m
1 km = 10 hm = 100 dam = 1 000 m

Die Zehnerleiter ist nun vollständig:

Kilometer (km)
Hektometer (hm)
Dekameter (dam)
Meter (m)

Dezimeter (dm)
Zentimeter (cm)
Millimeter (mm)

Gebrauchsanweisung für die Zehnerleiter

Steigst du eine Sprosse nach oben (gehst du also zur nächstgrößeren Maßeinheit über), so mußt du die Maßzahl **durch 10 teilen** (also verkleinern).

Kletterst du eine Stufe hinunter (nimmst du die nächstkleinere Maßeinheit), so mußt du die Maßzahl **mit 10 malnehmen** (vergrößern).

Längenmaße

Musteraufgaben

Aufgabe 1: Wähle jeweils die größte Maßeinheit aus:

1) cm, km, mm, 2) dm, cm, mm, 3) m, km, 4) dm, mm, m.

Aufgabe 2: Verwandle in die nächstgrößere Maßeinheit: 70 dm, 50 mm, 100 cm, 120 hm, 1 020 dam, 220 dm, 20 cm, 7 200 m, 80 hm, 12 km, 100 m.

Aufgabe 3: Verwandle in die nächstkleinere Maßeinheit: 2 m, 7 dm, 3 cm, 20 dm, 202 dam, 2 090 hm, 7 mm, 12 cm, 404 km.

Oft ist es nützlich, mehrere Sprossen der Leiter auf einmal zu nehmen. So kannst du große und unüberschaubare Maßzahlen durch Verkleinern übersichtlicher machen: z. B. 200 000 cm = 2 km. Dabei sind wir fünf Stufen nach oben gegangen, müssen also die Maßzahl fünfmal nacheinander durch 10 oder, was genausogut ist, einmal durch 100 000 teilen.

Aufgabe 4: Schau dir die vier Leitern an. Durch welche Zahl ist die Maßzahl jeweils zu teilen und mit welcher Zahl ist die Maßzahl zu multiplizieren?

Längenmaße

Aufgabe 5: Gib mit möglichst kleiner Maßzahl an: 1 000 m, 11 000 mm, 300 dm, 20 km, 73 000 cm, 860 mm, 20 dam, 3 300 dam.

Lösungen der Musteraufgaben

Aufgabe 1: 1) Die größte Maßeinheit ist der Kilometer (km), dann folgen der Zentimeter (cm) und schließlich der Millimeter (mm).
2) Diese Maßeinheiten sind bereits der Größen nach geordnet: Dezimeter (dm) ist größer als Zentimeter (cm), und der ist wiederum größer als der Millimeter (mm).
3) Kilometer ist größer als Meter.
4) Erst kommt der Meter, dann der Dezimeter und zuletzt der Millimeter.

Aufgabe 2: In die nächstgrößere Maßeinheit verwandeln bedeutet immer eine Sprosse nach oben klettern. Also ist die Maßzahl durch 10 zu teilen:

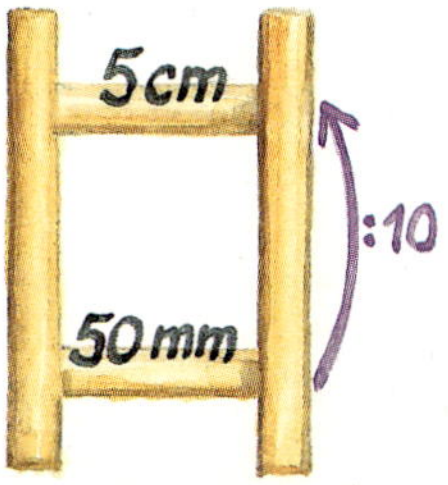

50 mm = 5 cm; 100 cm = 10 dm, 120 hm = 12 km; 1 020 dam = 102 hm; 220 dm = 22 m, 20 cm = 2 dm, 7 200 m = 720 dam; 80 hm = 8 km; 12 km läßt sich nicht umwandeln, da Kilometer die größte von uns verwendete Maßeinheit ist; 100 m = 10 dam.
Du kannst mal versuchen, in noch größere Maßeinheiten umzuwandeln, wo das möglich ist, z. B. 100 cm = 10 dm = 1 m (solange die Maßzahl mit einer „0“ endet, geht das immer).

Aufgabe 3: In die nächstkleinere Maßeinheit umwandeln bedeutet die Leiter eins nach unten klettern. Also ist die Maßzahl mit 10 zu multiplizieren:

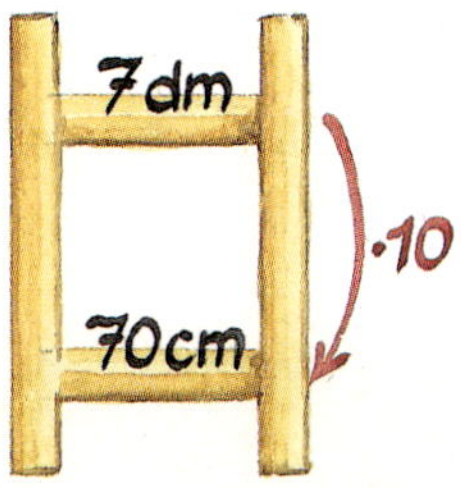

7 dm = 70 cm; 3 cm = 30 mm; 20 dm = 200 cm, 202 dam = 2 020 m; 2 090 hm = 20 900 m; 7 mm läßt sich nicht umwandeln, da Millimeter die kleinste uns bekannte Maßeinheit ist; 12 cm = 120 mm, 404 km = 4 040 hm.
Du kannst diese Aufgabe auch verändern und immer in die zweitkleinere Maßeinheit verwandeln (oder in die kleinste, die es gibt).

Aufgabe 4:
a) Drei Stufen nach unten macht dreimaliges Malnehmen mit 10 oder einmaliges Malnehmen mit 1 000.
b) Zwei Stufen nach oben macht zweimaliges Teilen durch 10 oder einmaliges Teilen durch 100.
c) Fünf Stufen nach unten macht fünfmaliges Malnehmen mit 10 oder einmaliges Malnehmen mit 100 000.
d) Sechs Stufen nach oben macht sechsmaliges Teilen durch 10 oder einmaliges Teilen durch 1 000 000.

Aufgabe 5: Hat die Maßzahl am Ende keine Null mehr, so ist die größte Maßeinheit erreicht (wollte man dann noch weitermachen mit dem Umwandeln, so müßte man Kommazahlen verwenden): 1 000 m = 100 dam = 10 hm = 1 km (drei Sprossen nach oben!); 11 000 mm = 1 100 cm = 110 dm = 11 m; 300 dm = 30 m = 3 dam; 20 km (hier ist Schluß der Leiter); 73 000 cm = 7 300 dm = 730 m = 73 dm; 860 mm = 86 cm; 20 dam = 2 hm; 3 300 dam = 330 hm = 33 km.

Aufgaben zum selbständigen Lösen

Aufgabe 1: Es sind 7 dm 3 cm 2 mm = 732 mm. Verwandle ebenso: 2 km 300 m; 2 m 3 dm 9 cm; 7 cm 1 mm; 6 km 3 hm; 9 dam 1 m 9 cm; 4 hm 3 m; 2 dm 3 mm; 9 hm 3 dam 3 m.

Aufgabe 2: Es sind 3 517 m = 3 km 5 hm 1 dam 7 m. Verfahre ebenso: 1 250 m; 778 dm; 212 hm; 99 cm; 101 dam; 12 km; 690 dm; 22 mm, 712 cm; 33 289 km.

Aufgabe 3: Verwandle in die nächstgrößere Einheit: 50 cm; 700 m; 70 dam; 9 km; 620 mm; 330 dm; 220 cm; 90 hm; 2 300 mm; 20 000 cm; 7 000 000 dm.

Aufgabe 4: Verwandle in die nächstkleinere Einheit: 1 m; 22 cm; 35 mm; 110 km; 22 dm; 107 dam; $\frac{1}{2}$ m; 250 dm; 72 cm; $\frac{1}{5}$ m.

Längenmaße

Aufgabe 5: Wandle solange um, bis die Maßzahl keine Null mehr am Ende hat: 5 000 m; 24 000 cm; 770 000 mm; 10 km; 200 dam; 60 mm; 9 090 m; 7 000 000 mm.

Aufgabe 6: Ordne der Größe nach (beginne mit dem Kleinsten, verwende das Zeichen „<". Das bedeutet „ist kleiner als").

a) 11 m; 2 km; 7 500 cm; 660 000 mm; 201 hm.
b) 7 mm; 900 cm; 1 dam; 220 m; 7 500 dm.

Aufgabe 7: Zeichne mit dem Geodreieck Strecken folgender Längen: 7 cm; 3 cm 5 mm; 90 mm; 1 dm; 65 mm; 2 cm; 1 dm 3 cm; 1 dm 2 cm 9 mm.
Ein Millimeter der Zeichnung bedeutet einen Kilometer in der Wirklichkeit. Wie lang sind die gezeichneten Strecken demnach in der Wirklichkeit?

Aufgabe 8: Zeichne eine Strecke der Länge 2 dm: Schreibe unter den Anfangspunkt eine 0, unter den Mittelpunkt 50 und unter den Endpunkt 100. Markiere auf diesem Zahlenstrahl die folgenden Punkte: 10, 30, 60, 70, 90, 25, 75, 5, 95.

Aufgabe 9: a) Schätze und miß die Länge eines Streichholzes. Wieviel Hölzer braucht man, um eine Strecke, die länger als ein Dezimeter ist, zu legen?
b) Bestimme die Abmessungen eines DIN-A-4 Heftes. Wie viele Hefte muß man zusammenlegen, um eine Strecke von mehr als 10 m zu erhalten?

Aufgabe 10: Betrachte den folgenden Lageplan:

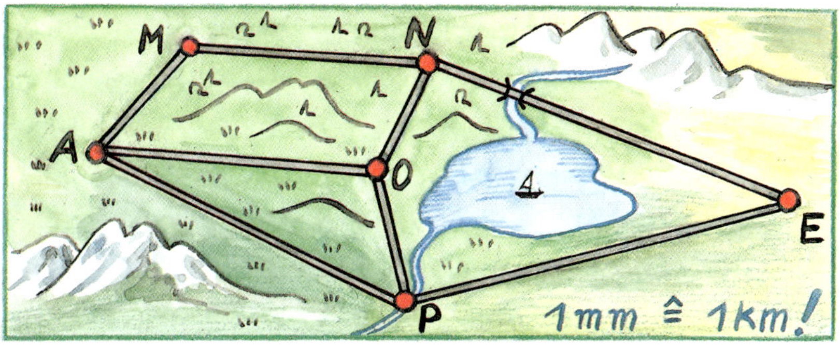

Miß die Längen aller möglichen Wege von A nach E (jeder Punkt darf höchstens einmal durchlaufen werden!). Ordne die Wege ihrer Länge nach. Ein Millimeter der Zeichnung bedeutet einen Kilometer der Wirklichkeit. Gib die Längen der Wege in Kilometern an. Kennst du Orte, die ungefähr solche Entfernungen voneinander haben?

Kommaschreibweise

Ein Dezimeter ist – wie der Name schon sagt – ein zehntel Meter:

$$1 \text{ dm} = \frac{1}{10} \text{ m}$$

Ganz genauso ist ein Zentimeter ein zehntel Dezimeter, also ein hundertstel Meter:

$$1 \text{ cm} = \frac{1}{10} \text{ dm} = \frac{1}{100} \text{ m}$$

Längenmaße

Beachtest du, daß unmittelbar hinter dem Komma die Zehntel stehen, so kannst du auch schreiben:

Tausender	Hunderter	Zehner	Einer	,	Zehntel	Hundert-stel	Tausend-stel

1 dm = 0,1 m
1 cm = 0,1 dm = 0,01 m.

Also sind 3 325,1 cm = 332,51 dm = 33,251 m.

						Zehntel	Hundert-stel	Tausend-stel	
	3	3	2	5	,	1			MASSEINHEIT cm

					Zehntel	Hundert-stel	Tausend-stel	
	3	3	2	,	5	1		MASSEINHEIT dm

Gehst du zur nächstgrößeren Maßeinheit über, so mußt du das Komma um eine Stelle nach links verschieben.

Es sind aber auch 527,32 dm = 5 273,2 cm.

Längenmaße

Gehst du zur nächstkleineren Maßeinheit über, so mußt du das Komma um eine Stelle nach rechts verschieben.

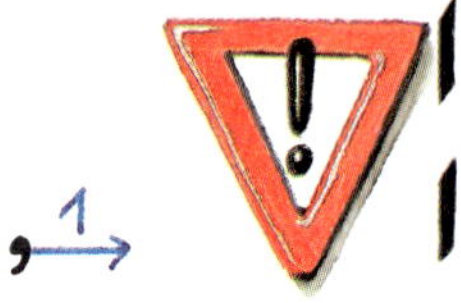

Bei Längenmaßen springt das Komma um eine Stelle, wenn du zur benachbarten Maßeinheit übergehst. Das liegt daran, daß hier die Umwandlungszahl 10 ist.

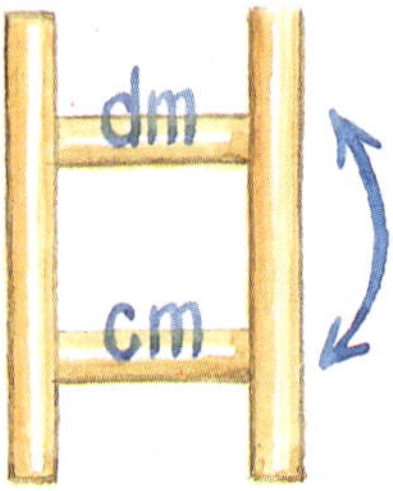

5	7	2	,	3	2	MASSEINHEIT dm
5	7	2	3	,	2	MASSEINHEIT cm

Tips und Tricks:

1. Ist gar kein Komma vorhanden, so darfst du es am Ende der Maßzahl ergänzen und dahinter Nullen auffüllen: 14 m = 14,0 m = 140 dm.
2. Umgekehrt darfst du die Nullen und ein Komma am Ende der Maßzahl auch weglassen: 14,0 m = 14, m = 14 m.
3. Vor der Maßzahl darfst du Nullen hinzufügen: 7,3 dm = 07,3 dm = 0,73 m.

Längenmaße

Musteraufgaben

Überlege dir stets zuerst, wie viele Sprossen nach oben oder nach unten du gehen mußt!

Aufgabe 1: Rechne in die nächstgrößere Maßeinheit um: 912,7 m; 7,35 cm; 0,55 hm; 12 mm; 1 090 dm; 2 km; 4 553,35 cm; 12 dm; $\frac{1}{2}$ m, $\frac{1}{4}$ cm.

Aufgabe 2: Rechne in die nächstkleinere Maßeinheit um: 8,98 cm; 1 900 dm; 121,3 mm; 2,537 km; 3,75 m; 67,80 dm; 1,1 hm; 9 dam; $\frac{1}{4}$ m; $\frac{1}{5}$ dm; $\frac{3}{5}$ cm.

Aufgabe 3: Verwandle alle Größen in m, und ordne dann der Größe nach. Beginne mit dem Kleinsten, verwende das Zeichen „<“ („ist kleiner als“):

a) 15,3 cm; 15 dm; 0,1531 m; 0,000149 km; $\frac{1}{5}$ m.

b) 0,07 dam; 6,9 dm; 6 901 mm; $\frac{3}{5}$ m; 70,11 m.

Aufgabe 4: Verwandle in die in Klammern angegebene Einheit: 876 500 mm (km); 8,753 001 km (m); 212,113 dm (mm); 1 200,75 m (hm); 0,04 m (hm); 5 m (km); $\frac{1}{4}$ m (hm); $\frac{1}{2}$ cm (mm); 0,09 cm (m); 600,33 dm (cm).

Aufgabe 5: Es ist 9 m 5 dm 3 cm = 9,53 m. Verfahre ebenso: 12 km 3 hm; 9 dm 4 cm 2 mm; 18 dam 6 m; 18 dm 6 cm 8 mm; 9 m 5 dm; 7 cm 8 mm; 6 km 5 m; 3 dm 9 cm.

Lösungen der Musteraufgaben

Aufgabe 1: In die nächstgrößere Maßeinheit umwandeln heißt eine Sprosse nach oben steigen. Also muß das Komma eine Stelle nach links: 912,7 m = 91,27 dam; 7,35 cm = 07,35 cm = 0,735 dm; 0,55 hm = 00,55 hm = 0,055 km; 12 mm = 1,2 cm; 1 090 dm = 109,0 m = 109 m; 2 km = 2 km (eine größere Maßeinheit kennen wir nicht); 4 553,35 cm = 455,335 dm; 12 dm = 1,2 m; $\frac{1}{2}$ m = 0,5 m = 0,05 dam; $\frac{1}{4}$ cm = 0,25 cm = 00,25 cm = 0,025 dm.

Aufgabe 2: In die nächstkleinere Maßeinheit umwandeln bedeutet eine Sprosse nach unten steigen. Das Komma muß deshalb eine Stelle nach rechts: 8,98 cm = 89,8 mm; 1 900 dm = 1 900,0 dm = 19 000 cm; 121,3 mm = 121,3 mm (kleiner geht's nicht!); 2,537 km = 25,37 hm; 3,75 m = 37,5 dm; 67,80 dm = 678,0 cm = 678 cm; 1,1 hm = 1,10 hm = 11,0 dam = 11 dam; 9 dam = 9,0 dam = 90 m; $\frac{1}{4}$ m = 0,25 m = 02,5 dm = 2,5 dm; $\frac{1}{5}$ dm = 0,2 dm = 0,20 dm = 2,0 cm = 2 cm; $\frac{3}{5}$ cm = 0,6 cm = 0,60 cm = 06,0 mm = 6 mm.

Aufgabe 3: a) 15,3 cm = 0,153 m (zwei Sprossen nach oben); 15 dm = 1,5 m (eine Sprosse nach oben); 0,1531 m (bleibt unverändert); 0,000149 km = 0 000,149 m = 0,149 m (drei Sprossen nach unten); $\frac{1}{5}$ m = 0,2 m. Also haben wir folgende Reihe:

0,149 m < 0,153 m < 0,1531 m < 0,2 m < 1,5 m.

b) 0,07 dam = 0,7 m (eine Sprosse nach unten), 6,9 dm = 0,69 m (eine Sprosse nach oben); 6 901 mm = 6,901 m (drei Sprossen nach oben); $\frac{3}{5}$ m = 0,6 m; 70,11 m (bleibt unverändert). Das ergibt diese Reihenfolge: 0,6 m < 0,69 m < 0,7 m < 6,901 m < 70,11 m.

Aufgabe 4: 876 500 mm = 0,876 500 km = 0,876 5 km (sechs Sprossen nach oben!); 8,753 001 km = 8 753,001 m (drei nach unten); 212,113 dm = 21 211,3 mm; 1 200,75 m = 12,007 5 hm; 0,04 m = 000,04 m = 0,000 4 hm; 5 m = 0005 m = 0,005 km; $\frac{1}{4}$ m = 0,25 m = 000,25 m = 0,002 5 km; $\frac{1}{2}$ cm = 0,5 cm = 5 mm; 0,09 cm = 000,09 cm = 0,000 9 m; 600,33 dm = 6 003,3 cm.

Aufgabe 5: 12 hm 3 km = 12,3 km; 9 dm 4 cm 2 mm = 9,42 dm = 94,2 cm; 18 dam 6 m = 18,6 dam = 1,86 hm; 18 dm 6 cm 8 mm = 18,68 dm = 1,868 m; 9 m 5 dm = 9,5 m; 7 cm 8 mm = 7,8 cm; 6 hm 5 m = 6,05 hm (Vorsicht!); 3 dm 9 mm = 3,09 dm (Vorsicht!).

Aufgaben zum selbständigen Lösen

Aufgabe 1: Verwandle in die nächstgrößere Maßeinheit: 70,25 m; 40 mm; 225,75 cm; 0,05 dm; $\frac{1}{4}$ m; $\frac{1}{5}$ cm; 0,5 dam; 20,7 hm; 98,11 dm; 190 km.

Längenmaße

Aufgabe 2: Verwandle in die nächstkleinere Maßeinheit: 7,01 cm; 690,25 dam; 93 km; 200,12 cm; $\frac{1}{10}$ m; $\frac{4}{5}$ km; 2,03 km; 40,93 m; 8,765 cm; 9 dm.

Aufgabe 3: Verwandle in die in Klammern angegebenen Maßeinheit: 690 mm (m); 12 m (cm); 9 000 mm (dam); 23 dam (m); 5,2 dam (dm); 9 500 dm (km); 665,25 km (m); 875,15 dm (hm); 404,4 hm (m); 0,05 dm (dam).

Aufgabe 4: Es ist 2 m 3 dm = 2,3 m. Verfahre ebenso: 5 m 2 dm; 7 dam 3 m; 1 km 9 hm 5 m; 10 cm 3 mm; 9 dm 5 mm; 60 m 7 dm 5 cm; 8 dm 5 cm 9 mm; 3 km 7 m.

Aufgabe 5: Es ist 5,37 km = 5 km 3 hm 7 dam. Verfahre ebenso: 18,25 km; 9,105 m; 7,07 hm; 6,1 dam; 5,07 dm; 200,3 cm; 10,05 m; 0,05 m.

Aufgabe 6: Wandle in km um, und ordne der Größe nach:

a) 7 km; 7 100 m; 69,99 dam; $\frac{1}{2}$ km; 71 000,25 dm.

b) $\frac{1}{4}$ km; 250,2 m; 26,1 hm; 25,99 dam; 26 200 dm.

Textaufgaben

Aufgabe 1: Herr Albrecht fährt auf der Autobahn an folgendem Hinweisschild vorbei:

Ermittle die Entfernungen:
Karlsruhe–Mannheim, Karlsruhe–Frankfurt und Mannheim–Frankfurt. Mach dir eine Skizze, wie diese Orte liegen.

Aufgabe 2: An einer neugebauten Straße werden Lampen im Abstand von 80 m aufgestellt. Es werden 45 Lampen gebraucht. Wie lang ist die Straße?

Aufgabe 3: Die Wände eines Badezimmers (Länge 3,2 m, Höhe 2,8 m) sollen mit Plättchen ausgelegt werden. Diese sind quadratisch, ihre Kantenlänge beträgt 40 cm. Wie viele braucht man, wenn 5 Reihen Platten übereinander kommen sollen? – Die Tür ist 80 cm breit. Wie viele Platten kann man im günstigsten Fall sparen?

Aufgabe 4: Auf einem Straßenstein steht auf der einen Seite: „Saarbrücken 15,2 km“, auf der anderen: „Homburg 17,4 km“. Wie weit sind diese beiden Städte voneinander entfernt?

Aufgabe 5: Frau Bäcker leiht sich einen Lieferwagen für ihren Umzug. Bei der Abfahrt zeigt der Kilometerzähler 88 743 km. Sie macht 5 Fahrten, die 112 km, 17 km, 42 km, 230 km und 30 km lang sind. Was zeigt der Kilometerzähler am Ende der letzten Fahrt an?

Aufgabe 6:

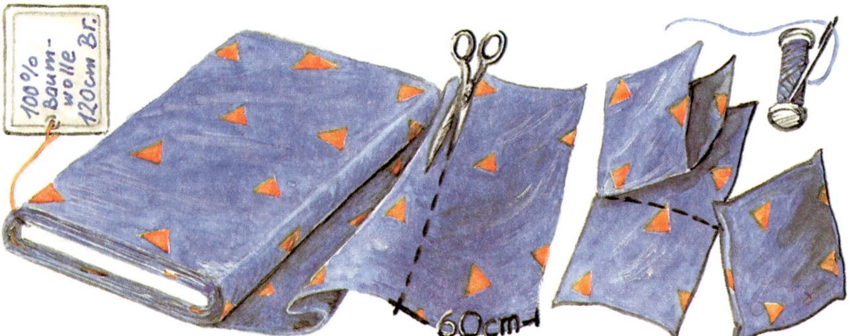

Aus diesem Stoffballen von 8,60 m Länge werden Kissenbezüge zu 60 cm Breite geschnitten. Wieviel Stoff bleibt übrig?

Aufgabe 7 (nach dem Rechenbuch des Alkuin, um 790): Ein Hund läuft einem Hasen hinterher, der 150 m Vorsprung hat. Der Hase macht 70 cm weite Sprünge, während der Hund 90 cm weit springt. Nach wie vielen Sprüngen holt der Hund den Hasen ein?

Aufgabe 8: Bernhard möchte aus Blumendraht das Modell eines Quaders herstellen. Seine Länge soll 12 cm, seine Breite 8 cm und seine Höhe 1 dm sein. Wieviel Draht braucht er hierfür? Mach dir zuerst eine Skizze des Quaders!

Flächenmaße

Große Schritte: die Hunderterleiter

Um die Größe von Flächen zu bestimmen, müßte man diese mit „Einheitsflächen“ auslegen und dann zählen, wie viele man gebraucht hat. Das wäre viel zu umständlich. Bei rechteckigen Flächen kannst du dir so helfen: Bestimme die Länge und die Breite der Fläche und errechne den Flächeninhalt als deren Produkt.

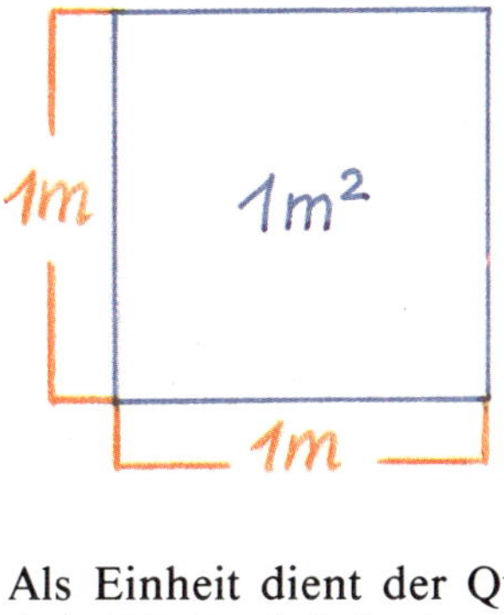

Als Einheit dient der Quadratmeter (abgekürzt: m²). Er entspricht dem Flächeninhalt eines Quadrates (daher sein Name) mit den Seitenlängen 1 m.

Ein geräumiges Wohnzimmer hat eine Fläche von 35 m², ein Kinderzimmer von 12 m² und ein Klassensaal von 60 m².
Um die Größe dieses Buches zu bestimmen, wäre ein Quadratmeter viel zu groß. Darum gibt es die kleineren Einheiten Quadratdezimeter (dm²), Quadratzentimeter (cm²) und Quadratmillimeter (mm²).

Flächenmaße

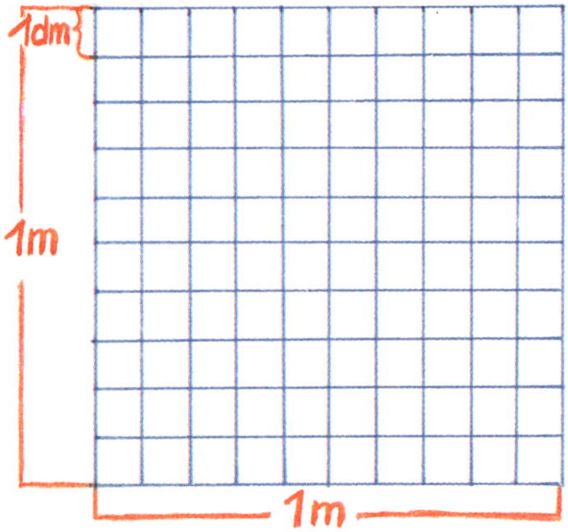

Wie du hier sehen kannst, gilt:

$1\ m^2 = 100\ dm^2$.

Ganz genauso sind:

$1\ dm^2 = 100\ cm^2$.
$1\ cm^2 = 100\ mm^2$.

Also ist die Umwandlungszahl bei Flächenmaßen immer **100.**

Diese Buchseite hat z. B. einen Flächeninhalt von $312\ cm^2$.

Um größere Flächen anzugeben, bedient man sich der Einheiten

1 Ar (a) = $100\ m^2$
1 Hektar (ha) = 100 Ar
1 Quadratkilometer (km^2) = 100 Hektar

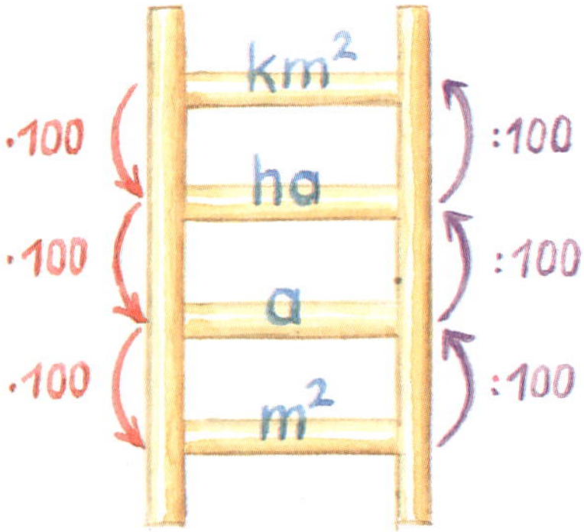

Bei den Flächenmaßen hat man es mit einer 100er-Leiter zu tun – ihre Sprossen sollten 10mal weiter voneinander entfernt sein als die der Zehnerleiter.

Flächenmaße

Für Flächenmaße gilt:
Geht man zur nächstgrößeren Maßeinheit über, so verkleinert sich die Maßzahl: Sie ist durch 100 zu teilen.
Geht man zur nächstkleineren Maßeinheit über, so vergrößert sich die Maßzahl, sie wird mit 100 multipliziert.

Ein Fußballfeld ist etwa 70 a groß, ein Bauer benötigt etwa 10 ha Land zum Bewirtschaften. Die Bundesrepublik Deutschland hat eine Fläche von 248 667,06 km^2.
In welchen Einheiten gibt man die folgenden Flächeninhalte an?
a) Baugrundstücke, b) Größe eines Bundeslandes, c) Wandtafel, d) Schulheft, Plakatwand.

Musteraufgaben

Aufgabe 1: Verwandle in die nächstgrößere Maßeinheit: 1 200 m^2, 700 ha, 50 500 a, 8 300 mm^2, 900 cm^2, 37 000 dm^2, 700 km^2, 120 000 cm^2, 6 600 a, 90 900 m^2.

Aufgabe 2: Verwandle in die nächstkleinere Maßeinheit: 7 km^2, 121 ha; 5 200 mm^2, 9 901 dm^2, 775 m^2, 12 a; 1 717 km^2, 11 cm^2, 690 a, 43 dm^2.

Aufgabe 3: Verwandle in die größtmögliche Maßeinheit (ohne Verwendung von Kommazahlen!): 140 000 m^2; 7 700 000 mm^2; 9 500 dm^2; 600 a; 5 500 ha; 4 300 000 m^2; 5 000 000 dm^2; 20 000 000 cm^2.

Aufgabe 4: Verwandle in cm^2: 440 dm^2, 12 ha, 3 km^2, 77 m^2, 5 a.

Aufgabe 5: Es ist: 5 km^2 3 ha = 503 ha. Verfahre ebenso: 12 m^2 77 dm^2; 9 cm^2 7 mm^2; 2 a 30 dm^2; 5 ha 10 dm^2; 6 dm^2 44 cm^2.

Aufgabe 6: Es ist: 666 m^2 = 6 a 66 m^2. Verfahre ebenso: 775 ha; 45 005 dm^2, 1 999 a; 220 cm^2; 202 cm^2.

Lösungen der Musteraufgaben

Aufgabe 1: In die nächsthöhere Einheit verwandeln bedeutet eine Sprosse nach oben klettern. Also muß die Maßzahl durch 100 geteilt werden:

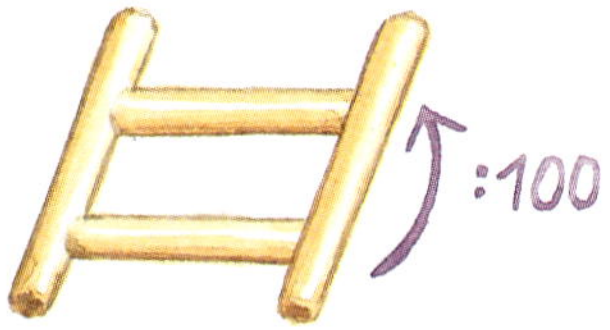

1 200 m^2 = 12 a; 700 ha = 7 km^2; 50 500 a = 505 ha; 8 300 mm^2 = 83 cm^2; 900 cm^2 = 9 dm^2; 37 000 dm^2 = 370 m^2; 700 km^2 = 700 km^2 (es gibt keine größere Maßeinheit); 120 000 cm^2 = 1 200 dm^2; 6 600 a = 66 ha; 90 900 m^2 = 909 a.

Aufgabe 2: In die nächstkleinere Einheit verwandeln bedeutet eine Sprosse hinabsteigen. Die Maßzahl muß deshalb mit 100 multipliziert werden:

7 km^2 = 700 ha; 121 ha = 12 100 a, 5 200 mm^2 = 5 200 mm^2 (es gibt keine kleinere Maßeinheit); 9 901 dm^2 = 990 100 cm^2; 775 m^2 = 77 500 dm^2; 12 a = 1 200 m^2; 1 717 km^2 = 171 700 ha; 11 cm^2 = 1 100 mm^2; 690 a = 69 000 m^2; 43 dm^2 = 4 300 cm^2.

Aufgabe 3: Mache dir zuerst klar, wie viele Sprossen du nach oben steigen kannst: 140 000 m^2 = 14 ha (zwei Sprossen nach oben – dann ist Schluß, weil alle Nullen verbraucht sind); 7 700 000 mm^2 = 770 dm^2 (zwei Stufen nach oben – mehr geht trotz der Null am Ende nicht); 9 500 dm^2 = 95 m^2 (eins nach oben); 600 a = 6 ha (eins nach oben); 55 000 ha = 550 km^2 (eins nach

oben); 4 300 000 mm^2 = 430 dm^2 (zwei nach oben); 5 000 000 dm^2 = 5 ha (drei nach oben); 20 000 000 cm^2 = 20 a (drei nach oben).

Aufgabe 4: Mache dir zuerst klar, wie viele Sprossen du hinabklettern mußt! Dann weißt du, wie oft mit 100 multipliziert wird. 440 dm^2 = 44 000 cm^2 (eine Sprosse); 12 ha = 1 200 000 000 cm^2 (vier Sprossen); 3 km^2 = 30 000 000 000 cm^2 (fünf Sprossen); 77 m^2 = 770 000 cm^2 (zwei Sprossen); 5 a = 5 000 000 cm^2 (drei Sprossen).
Bist du unsicher, so gehe schrittweise (Sprosse für Sprosse) nach unten: 77 m^2 = 7 700 dm^2 = 770 000 cm^2.

Aufgabe 5: 12 m^2 77 dm^2 = 1 277 dm^2 (denn 12 m^2 = 1 200 dm^2); 9 cm^2 7 mm^2 = 907 mm^2 (denn 9 cm^2 = 900 mm^2); 2 a 30 dm^2 = 20 030 dm^2 (denn 2 a = 20 000 dm^2 – zwei Sprossen abwärts!); 5 ha 10 dm^2 = 5 000 010 dm^2 (drei Sprossen abwärts); 6 dm^2 44 cm^2 = 644 cm^2.

Aufgabe 6: 775 ha = 7 km^2 75 ha; 45 005 dm^2 = 4 a 50 m^2 5 dm^2; 1 999 a = 19 ha 99 a, 220 cm^2 = 2 dm^2 20 cm^2; 202 cm^2 = 2 dm^2 2 cm^2.

Aufgaben zum selbständigen Lösen

Aufgabe 1: Verwandle in die nächstkleinere Maßeinheit:
12 ha; 76 cm^2; 91 m^2; 1 100 mm^2; 77 a, 3 km^2, 673 dm^2, 1 034 cm^2, 405 ha; 115 a.
Aufgabe 2: Verwandle in die in den Klammern genannte Maßeinheit:
101 cm^2 (mm^2); 12 dm^2 (cm^2), 1 200 000 mm^2 (dm^2); 5 500 a (ha); 70 000 a (km^2); 12 km^2 (m^2); 909 ha (dm^2); 88 a (dm^2).
Aufgabe 3: Verwandle in die größtmögliche Maßeinheit (ohne das Komma zu verwenden):
700 m^2; 30 000 cm^2; 8 000 000 mm^2; 3 500 a; 55 000 dm^2.
Aufgabe 4: Schreibe in der angegebenen Maßeinheit:
12 ha 7 a (m^2); 7 m^2 5 dm^2 (dm^2); 800 ha (km^2); 3 km^2 55 ha 17 a (a); 12 cm^2 99 mm^2 (mm^2); 890 m^2 17 dm^2 (cm^2); 1 700 dm^2 (m^2); 1 m^2 5 cm^2 (cm^2); 4 a 25 m^2 (m^2); 31 m^2 5 dm^2 (mm^2).

Flächenmaße

Aufgabe 5: Verwandle zuerst in die nächstgrößere, dann in die nächstkleinere Maßeinheit:
7 300 m^2; 200 a; 55 000 m^2; 1 200 mm^2; 23 km^2; 4 400 ha; 68 000 a; 1 200 m^2; 90 000 dm^2; 300 ha.

Aufgabe 6: Beim Millimeterpapier ist jeder Quadratzentimeter in Quadratmillimeter unterteilt. Gib an, wie viele Millimeterkästchen in die vorgegebene Anzahl von Zentimeterkästchen gehen:
5 Zentimeterkästchen; 20 Zentimeterkästchen;
99 Zentimeterkästchen; 150 Zentimeterkästchen.

Kommaschreibweise

Die Umwandlungszahl bei Flächenmaßen ist **100.**

Also ist $1\ m^2 = 100\ dm^2$

oder auch $1\ dm^2 = \frac{1}{100}\ m^2 = 0{,}01\ m^2$

$10\ dm^2 = \frac{1}{100}\ m^2 = 0{,}1\ m^2.$

Ebenso ist:

$$1\ cm^2 = \frac{1}{100}\ dm^2 = 0{,}01\ dm^2$$

$$10\ cm^2 = \frac{1}{10}\ dm^2 = 0{,}1\ dm^2$$

$$1\ mm^2 = \frac{1}{100}\ cm^2 = 0{,}01\ cm^2$$

$$10\ mm^2 = \frac{1}{10}\ cm^2 = 0{,}1\ cm^2.$$

An der ersten Stelle hinter dem Komma stehen die Zehntel, an der zweiten die Hundertstel, an der dritten die Tausendstel usw.

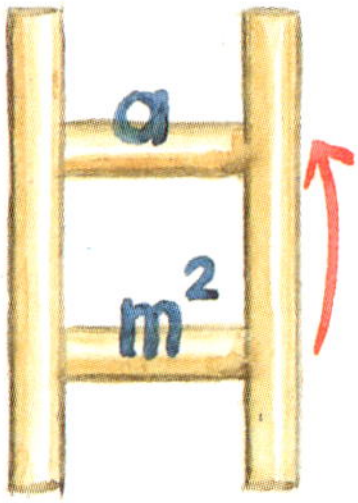

Hunderter	Zehner	Einer	,	$\frac{1}{10^1}$ Zehntel	$\frac{1}{10^2}$ Hundertstel	$\frac{1}{10^3}$ Tausend-stel

Flächenmaße

Bei Flächenmaßen „springt“ man um zwei Stellen nach links, wenn man in die nächstgrößere Maßeinheit verwandelt.

735,5 m² = 7,355 a.

Hunderter	Zehner	Einer		Zehntel			
7	3	5	,	5		m²	MASSEINHEIT m²

7	,	3	5	5		a	MASSEINHEIT a
Einer		Zehntel	Hundertstel	Tausendstel			

Reichen die Stellen der Maßzahl nicht aus, so werden links Nullen vorgesetzt (am besten vor dem Umwandeln):

7,12 m² = 007,12 m² = 0,0712 a.

Geht man zur nächstkleineren Maßeinheit über, so springt das Komma um zwei Stellen nach rechts.

13,337 ha = 1 333,7 a.

1	3	,	3	3	7	MASSEINHEIT ha
1	3	3	3	,	7	MASSEINHEIT a

Flächenmaße

Reichen die Stellen der Maßzahl nicht aus, so werden Nullen hinten angefügt (am besten vor dem Umwandeln):

31,6 m^2	= 31,60 m^2	= 3 160 dm^2
nur eine Stelle hinter dem Komma	Nullen am Ende ändern nichts	

Nullen am Ende der Zahl hinter dem Komma kann man streichen (307,800 cm^2 = 307,8 cm^2).
Nullen am Anfang einer Zahl spielen keine Rolle (079,2 km^2 = 79,2 km^2).

Musteraufgaben

Aufgabe 1: Verwandle in die nächstgrößere Einheit, und benutze dabei stets Kommazahlen: 12,7 mm^2; 316 m^2; 7 127,3 dm^2; 7,3 ha; 554 cm^2; 0,75 a; 3,68 m^2; 0,3 a; 12 238,7 mm^2; 9 912 a.

Aufgabe 2: Verwandle in die nächstkleinere Einheit. Benutze stets Kommazahlen: 19,713 a; 430 m^2; 1 248,7 cm^2; 211,3 km^2; 2 106,5 dm^2, 754,68 km^2; 809,3 ha; 996,523 a; 47,060 5 dm^2; 694,3 ha.

Aufgabe 3: Verwandle in die in Klammern angegebene Einheit: 81 527 m^2 (ha); 7 895,3 mm^2 (dm^2); 549,23 a (cm^2); 5 632,25 ha (km^2); 316,16 m^2 (cm^2); 402,747 4 cm^2 (m^2); 6 009,002 mm^2 (dm^2); 24 866 706 ha (km^2); 3 932,65 m^2 (cm^2); 273,6 m^2 (mm^2).

Aufgabe 4: Ordne der Größe nach. Beginne mit dem Kleinsten: 12,3 m^2; 0,7 ha; 3,474 a; 123 002 m^2; 9 900 dm^2; 0,03 km^2.

Flächenmaße

Aufgabe 5: Gib mit Dezimalzahlen an, und verwandle anschließend in die nächstkleinere Einheit:

$\frac{1}{2}\,\mathrm{m}^2$; $\frac{1}{4}\,\mathrm{km}^2$, $\frac{1}{10}\,\mathrm{a}$; $\frac{3}{4}\,\mathrm{ha}$; $\frac{1}{8}\,\mathrm{cm}^2$; $\frac{4}{8}\,\mathrm{dm}^2$;

$\frac{1}{2}\,\mathrm{mm}^2$; $\frac{5}{8}\,\mathrm{m}^2$; $\frac{1}{5}\,\mathrm{ha}$; $\frac{3}{5}\,\mathrm{dm}^2$; $\frac{1}{100}\,\mathrm{m}^2$.

Aufgabe 6: Gib mit einer gebrochenen Maßzahl an: 0,6 ha; 0,2 m^2; 0,75 a; 0,4 cm^2; 0,25 dm^2; 0,5 km^2; 0,125 cm^2; 0,6 mm^2; 0,625 cm^2; 0,9 ha.

Lösungen der Musteraufgaben

Aufgabe 1: Geht man zur nächstgrößeren Maßeinheit über (klettert man eine Sprosse nach oben), so muß das Komma in der Maßzahl um zwei Stellen nach links verschoben werden:

12,7 mm^2 = 0,127 cm^2; 316 m^2 = 3,16 a; 7 127,3 dm^2 = 71,273 m^2; 7,3 ha = 007,3 ha = 0,073 km^2; 554 cm^2 = 5,54 dm^2; 0,75 a = 000,75 a = 0,0075 ha; 3,68 m^2 = 003,68 m^2 = 0,0368 a; 12 238,7 mm^2 = 122,387 cm^2; 9 912 a = 99,12 ha.

Aufgabe 2: Geht man zur nächstkleineren Maßeinheit über (steigt man ein Stufe nach unten), so muß man das Komma der Maßzahl um zwei Stellen nach rechts verschieben:

19,713 a = 1 971,3 m^2; 430 m^2 = 43 000 dm^2; 1 248,7 cm^2 = 1 248,70 cm^2 = 124 870 mm^2; 211,3 km^2 = 211,30 km^2 = 21 130 ha; 754,68 km^2 = 75 468 ha (das ist genau die Fläche von Hamburg); 809,3 ha = 809,30 ha = 80 930 a; 996,523 a = 99 652,3 m^2; 47,0605 dm^2 = 4 706,05 cm^2; 694,3 ha = 694,30 ha = 69 430 a.

Aufgabe 3: Von m^2 nach ha geht's zwei Sprossen nach oben; also muß das Komma um vier Stellen nach links: 81 527 m^2 = 8,1527 ha

(da kein Komma vorhanden ist, mußt du es dir am Ende der Zahl denken); von mm^2 nach dm^2 sind es wieder zwei nach oben, also ist das Komma vier Stellen nach links zu versetzen: 7 895,3 mm^2 = 07 895,3 mm^2 = 0,789 53 dm^2; von a nach cm^2 geht's drei Sprossen abwärts, was für das Komma bedeutet: sechs Stellen nach rechts: 549,23 a = 549,230 000 a = 549 230 000 cm^2; 5 632,25 ha = 56,322 5 km^2 (eine Sprosse nach oben – zwei Stellen nach links); 316,16 m^2 = 316,160 0 m^2 = 3 161 600 cm^2 (zwei nach unten – vier nach rechts; das Komma am Ende kannst du weglassen); 402,747 4 cm^2 = 00 402,747 4 cm^2 = 0,040 274 74 m^2 (zwei nach oben – vier nach rechts); 6 009,002 mm^2 = 06 009,002 mm^2 = 0,600 900 2 dm^2; 248 667 06 ha = 248 667,06 km^2; 3 932,65 m^2 = 3 932,650 0 m^2 = 39 326 500 cm^2; 273,6 m^2 = 273,600 000 m^2 = 273 600 000 mm^2.

Aufgabe 4: Beim Größenvergleich bewähren sich Kommazahlen besonders. Um Fehler zu vermeiden, solltest du zuerst alle Größen in ein- und dieselbe Maßeinheit verwandeln (am besten in m^2, weil der in etwa in der Mitte liegt):

12,3 m^2; 0,7 ha = 70 a = 7 000 m^2;
3,474 a = 347,4 m^2; 123 002 mm^2 = 1 230,02 cm^2 = 12,300 2 dm^2 = 0,123 002 m^2;
9 900 dm^2 = 99 m^2; 0,03 km^2 = 3 ha = 300 a = 30 000 m^2.

0,123 002 m^2 < 12,3 m^2 < 99 m^2 < 347,4 m^2 < 7 000 m^2 < 30 000 m^2.

Aufgabe 5:

$$\frac{1}{2}\,\text{m}^2 = 0{,}5\,\text{m}^2 = 50\,\text{dm}^2;\ \frac{1}{4}\,\text{km}^2 = 0{,}25\,\text{km}^2 = 25\,\text{ha};$$

$$\frac{1}{10}\,\text{a} = 0{,}1\,\text{a} = 10\,\text{m}^2;\ \frac{3}{4}\,\text{ha} = 0{,}75\,\text{ha} = 75\,\text{a};$$

$$\frac{1}{8}\,\text{cm}^2 = 0{,}125\,\text{cm}^2 = 12{,}5\,\text{mm}^2;$$

$$\frac{4}{8}\,\text{dm}^2 = \frac{1}{2}\,\text{dm}^2 = 0{,}5\,\text{dm}^2 = 50\,\text{cm}^2;\ \frac{1}{2}\,\text{mm}^2 = 0{,}5\,\text{mm}^2$$

$$\frac{5}{8}\,\text{m}^2 = 0{,}625\,\text{m}^2 = 62{,}5\,\text{dm}^2;\ \frac{1}{5}\,\text{ha} = 0{,}2\,\text{ha} = 20\,\text{a};$$

$$\frac{3}{5}\,\text{dm}^2 = 0{,}6\,\text{dm}^2 = 60\,\text{cm}^2;\ \frac{1}{100}\,\text{m}^2 = 0{,}01\,\text{m}^2 = 1\,\text{dm}^2.$$

Flächenmaße

Aufgabe 6: 0,6 ha $= \frac{3}{5}$ ha; 0,2 m² $= \frac{1}{5}$ m²; 0,75 a $= \frac{3}{4}$ a; 0,4 cm² $= \frac{2}{5}$ cm²; 0,25 dm² $= \frac{1}{4}$ dm²; 0,5 km² $= \frac{1}{2}$ km²; 0,125 cm² $= \frac{1}{8}$ cm²; 0,6 mm; $\frac{3}{5}$ mm²; 0,625 cm² $= \frac{5}{8}$ cm²; 0,9 ha $= \frac{9}{10}$ ha.

Aufgaben zum selbständigen Lösen

Aufgabe 1: Verwandle in die nächstgrößere Einheit: 220,25 m²; 7,3 a; 0,05 dm², 20 km²; 1 900 mm²; 0,75 m²; $\frac{3}{4}$ a; $\frac{1}{8}$ ha.

Aufgabe 2: Verwandle in die nächstkleinere Einheit: 0,6 cm²; 0,06 cm²; 7,25 m²; 1 000 km²; 12,5 ha; 423,001 a; $\frac{1}{10}$ ha, $\frac{1}{100}$ a; $\frac{3}{5}$ cm²; $\frac{7}{8}$ dm².

Aufgabe 3: Verwandle in die in Klammern angegebene Einheit: 0,6 cm² (m²); 7,25 a (km²); 12 ha (m²); 0,95 m² (cm²); 17,3 a (ha); 0,02 dm² (mm²); $\frac{1}{8}$ ha (km²); $\frac{1}{8}$ a (m²); $\frac{1}{10}$ dm² (mm²); $\frac{3}{5}$ m² (cm²).

Aufgabe 4: Gib mit einer gebrochenen Maßzahl an: 0,6 cm²; 60 cm²; 0,01 a; 0,625 km²; 0,5 mm²; 90 dm²; 0,25 ha; 30 m².

Aufgabe 5: Es ist 3 dm² 55 cm² = 3,55 dm² = 355 cm². Verfahre ebenso: 47 m² 3 dm²; 112 ha 27 a; 90 dm² 5 cm²; 17 cm² 10 mm²; 1 m² 5 cm²; 60 a 50m² 5 dm².

Textaufgaben

Die Fläche eines Rechtecks (eines Quadrats) läßt sich als Produkt von Länge und Breite berechnen.

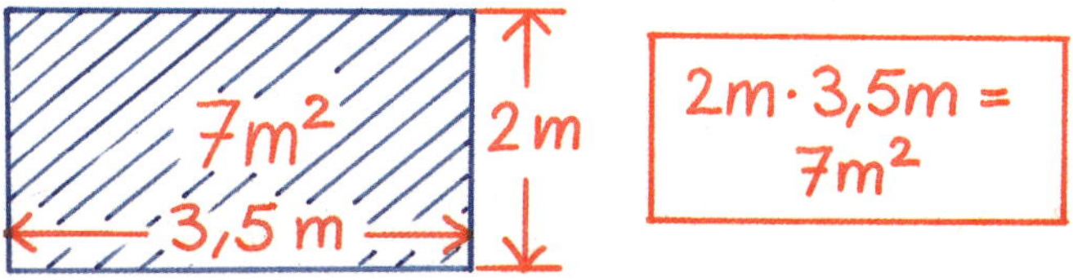

Flächenmaße

Aufgabe 1: Gib die Seitenlängen der Quadrate mit den folgenden Flächeninhalten an: 4 m^2; 16 cm^2; 25 a; 100 km^2; 9 ha; 1 mm^2.

Aufgabe 2: Von einem Rechteck sind die Länge einer Seite und der Flächeninhalt bekannt. Ermittle die fehlende Seitenlänge: 2 m, 16 m^2; 20 cm, 800 cm^2; 15 m, 150 a; 9 km, 27 km^2; 4 hm, 20 ha; 12 m, 144 m^2.

Aufgabe 3: Wie ändert sich der Flächeninhalt eines Rechtecks, wenn man

a) die Länge einer Seite verdoppelt, die der anderen beibehält,
b) die Längen beider Seiten verdoppelt,
c) die Längen einer Seite verdoppelt, die der anderen halbiert?

Aufgabe 4: Für eine Wohnung wird angegeben: Wohnzimmer 36,6 m^2, Küche 12,75 m^2, Elternschlafzimmer 16 m^2; zwei Kinderzimmer zu je 14,6 m^2, Flur und Abstellkammer 9 m^2. Wie groß ist die gesamte Wohnfläche der Wohnung? Die beiden Kinderzimmer haben eine schräge Wand, unter der jeweils die Hälfte der Zimmerfläche liegt. Die unter einer Schrägen liegende Fläche darf nur zur Hälfte als Wohnfläche angerechnet werden. Flur und Abstellkammer sind ebenfalls nur halb anzurechnen. Wie groß ist die Wohnfläche, wenn diese Vorschriften berücksichtigt werden?

Aufgabe 5: Frau Meier will sich ein Regal mit mindestens 1 m^2 Abstellfläche bauen. Im Baumarkt gibt es Seitenteile und dazu passende Einlegeböden zu kaufen. Die Böden sind 80 cm lang und 30 cm breit. Wie viele Böden braucht Frau Meier?

Aufgabe 6: Um einen rechteckigen Platz mit den Abmessungen 17 m auf 22 m soll ein Weg der Breite 2 m gebaut werden. Welchen Flächeninhalt hat der Weg? Wie viele quadratische Waschbetonplatten (Kantenlänge 50 cm) braucht man, um den Weg zu plätteln?

Aufgabe 7: Eine quaderförmige Garage soll außen angestrichen werden. Ihre Abmessungen sind: 4,5 m auf 2,5 m auf 2 m. Wie groß ist die zu streichende Fläche? Beachte: Das Garagentor ist 2 m breit und 180 cm hoch.

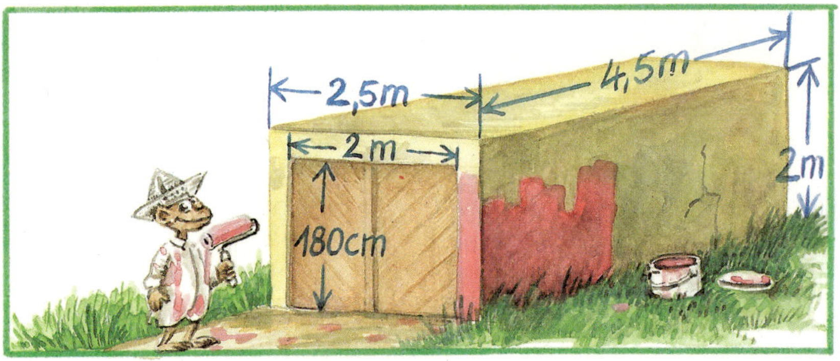

Aufgabe 8: Gärtner Rosenzweig kauft Dünger. Eine Packung reicht für 6 m². Er will 12 Beete düngen. Jedes Beet ist 125 cm breit und 400 cm lang. Genügt ihm die Packung?

Aufgabe 9: Berechne die Oberfläche eines Würfels mit der Kantenlänge 6 cm.

Gewichtsmaße

Ganz große Schritte: die Tausenderleiter

Gewichte werden durch Vergleich mit bereits bekannten Gewichten gemessen. Hierzu kann man sich z. B. einer Balkenwaage bedienen:

Die Einheit ist das **Kilogramm** (abgekürzt: kg) (es entspricht dem Gewicht eines Wasserwürfels der Kantenlänge 1 dm).

Eine kleinere Einheit als das Kilogramm ist das **Gramm** (g). Es ist

$$1\,000 \text{ g} = 1 \text{ kg}$$

und entspricht dem Gewicht eines Wasserwürfels mit der Kantenlänge 1 cm.
Noch kleiner ist die Maßeinheit **Milligramm:**

$$1\,000 \text{ mg} = 1 \text{ g}$$

Ein Beutel Kartoffeln wiegt meist 5 kg (oder 2,5 kg).

Tee, Tabak und Kaffee kauft man hundertgrammweise. Die Angaben auf Medikamenten beziehen sich auf Milligramm.
Größer als das Kilogramm ist die Maßeinheit **Tonne.**

$$1\,000 \text{ kg} = 1 \text{ t}.$$

Gewichtsmaße

Ein Lastwagen kann etwa 20 t Last transportieren. Ein Kubikmeter Wasser wiegt genau eine Tonne.
Du siehst, hier haben wir es mit einer **Tausenderleiter** zu tun.

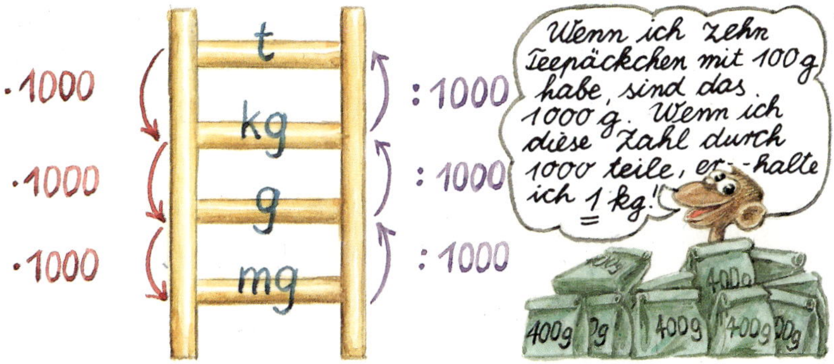

Geht man bei Gewichten zur nächstgrößeren Maßeinheit über, so ist die Maßzahl durch 1000 zu teilen.
Geht man bei Gewichten zur nächstkleineren Maßeinheit über, so ist die Maßzahl mit 1000 zu multiplizieren.

Es ist	1 t = 1 000 kg =	1 000 000 g = (eine Million)	1 000 000 000 mg (eine Milliarde)
	1 kg =	1 000 g =	1 000 000 mg
		1 g =	1 000 mg

Musteraufgaben

Aufgabe 1: Verwandle in die nächstgrößere Maßeinheit:
2 000 mg; 33 000 g; 150 000 kg; 7 000 t; 1 999 000 mg; 43 000 kg; 620 000 g; 990 000 mg.

Aufgabe 2: Verwandle in die nächstkleinere Maßeinheit:
3 t; 91 kg; 120 g; 2 mg; 130 t; 19 g; 699 kg; 80 g.

Aufgabe 3: Verwandle in die in Klammern angegebene Maßeinheit:
5 kg (mg); 55 000 000 mg (kg); 2 t (g); 33 000 kg (t);
76 000 000 000 mg (t); 66 kg (g); 9 000 g (mg); 880 000 mg (g).

Aufgabe 4: Ordne der Größe nach! Beginne mit dem kleinsten und verwende das Zeichen „<“.
5 000 kg; 6 t; 49 000 000 g; 4 000 000 000 mg

Lösungen der Musteraufgaben

Überlege dir beim Umwandeln stets zuerst, wieviel Sprossen nach oben oder unten zu gehen sind!

Aufgabe 1: Von mg nach g geht es eine Sprosse nach oben, also muß die Maßzahl durch 1 000 geteilt werden! 2 000 mg = 2 g; 33 000 g = 33 kg (wieder eins nach oben!); 150 000 kg = 150 t; 7 000 t = 7 000 t (größer geht es nicht); 1 999 000 mg = 1 999 g; 43 000 kg = 43 t; 620 000 g = 620 kg; 990 000 mg = 990 g.

Aufgabe 2: In die nächstkleinere Maßeinheit geht es immer eine Sprosse nach unten, also muß die Maßzahl mit 1 000 multipliziert werden! 3 t = 3 000 kg; 91 kg = 91 000 kg; 120 g = 120 000 mg; 2 mg = 2 mg (wir sind am untersten Ende der Leiter); 130 t = 130 000 kg; 19 g = 19 000 mg; 699 kg = 699 000 g; 80 g = 80 000 mg.

Aufgabe 3: Von kg nach mg sind es zwei Sprossen nach unten, also ist die Maßzahl mit 1 000 · 1 000 = 1 000 000 (eine Million) malzunehmen: 5 kg = 5 000 000 mg; umgekehrt geht es von mg nach kg zwei Sprossen hoch, also muß durch 1 000 · 1 000 = 1 000 000 geteilt werden: 55 000 000 mg = 55 kg; 2 t = 2 000 000 g; 33 000 kg = 33 t; 76 000 000 000 mg = 76 t; 66 kg = 66 000 g; 9 000 g = 9 000 000 mg; 880 000 mg = 880 g.

Aufgabe 4: Im vorliegenden Fall kann man alle Größen in t umwandeln, weil die Maßzahlen bei g und mg entsprechend groß sind.

5 000 kg = 5 t; 6 t; 49 000 000 g = 49 t; 5 000 000 000 mg = 4 t.

Somit ergibt sich die Reihenfolge:

$$4\,\text{t} < 5\,\text{t} < 6\,\text{t} < 49\,\text{t}$$

Aufgaben zum selbständigen Lösen

Aufgabe 1: Wandle in die nächstkleinere Maßeinheit um:
17 t; 200 kg; 1 335 g; 26 t; 360 000 mg; 125 kg; 800 t; 790 g.

Aufgabe 2: Wandle in die nächstgrößere Maßeinheit um:
510 000 g; 2 000 mg; 25 000 t; 100 000 kg; 90 000 mg; 7 000 000 kg; 66 000 g; 2 000 000 000 mg.

Aufgabe 3: Wandle in die in Klammern angegebene Maßeinheit um:
7 000 g (kg); 12 t (kg); 8 000 000 mg (kg); 5 000 kg (t); 500 000 kg (t); 66 000 g (kg); 9 000 000 000 mg (t); 44 kg (mg); 12 g (mg); 86 t (g); 65 000 mg (g).

Aufgabe 4: Schreibe mit möglichst kleiner Maßzahl ohne Komma:
5 000 g; 7 000 000 g; 9 000 000 000 mg; 600 g; 40 t; 24 kg; 6 000 kg; 82 000 000 g.

Aufgabe 5: Ordne der Größe nach:
10 000 g; 99 kg; 8 000 000 mg; 101 kg.

Aufgabe 6: Wieviel sind ungefähr 998 g; 1 002 g; 997 000 mg; 1 000 004 mg; 1 001 000 mg; 1 010 000 mg?

Kommaschreibweise

Es sind 1 000 g = 1 kg. Also ist $1\text{ g} = \frac{1}{1000}\text{ kg}$.

Anstatt $\frac{1}{1000}$ kg schreibt man 0,001 kg (erinnere dich: An der 3. Stelle hinter dem Komma stehen die Tausendstel). Genauso gilt natürlich

$$1\text{ mg} = \frac{1}{1000}\text{ g und } 1\text{ kg} = \frac{1}{1000}\text{ t.}$$

Gewichtsmaße

Geht man bei Gewichten von einer Maßeinheit zur nächstgrößeren über, so ist das Komma um drei Stellen nach links zu verschieben.

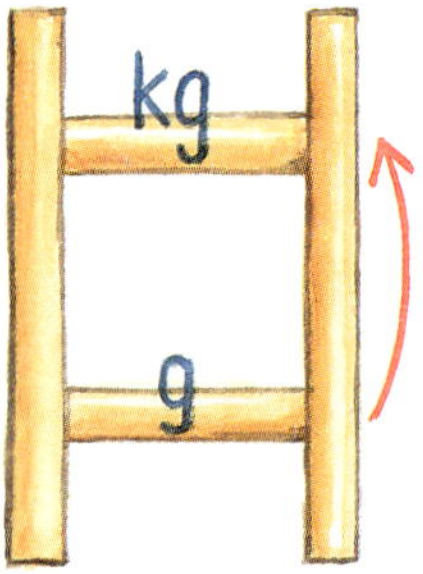

1 553,7 g = 1,553 7 kg

1	5	5	3	,	7	MASSEINHEIT g
						↓ vergrößern
1	,	5	5	3	7	MASSEINHEIT kg

Wandelt man in die nächstkleinere Maßeinheit um, so verschiebt sich das Komma um drei Stellen nach rechts.

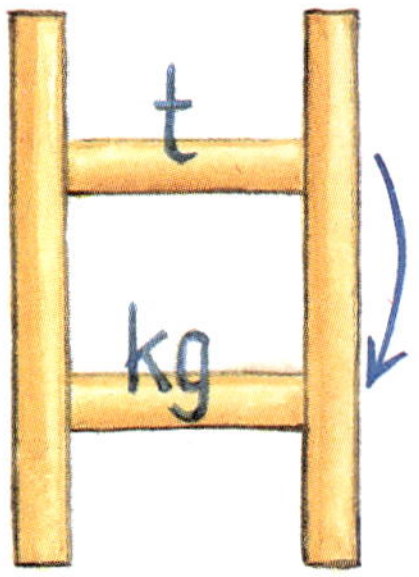

6,225 5 t = 6 225,5 kg

6	,	2	2	5	5	MASSEINHEIT t
						↓ verkleinern
6	2	2	5	,	5	MASSEINHEIT kg

Bei Gewichten springt das Komma stets um drei Stellen, weil hier die Verwandlungszahl 1 000 ist.

Gewichtsmaße

Musteraufgaben

Aufgabe 1: Verwandle in die nächstgrößere Einheit: 55 kg; 2 133,75 mg; 879 g; 0,7 kg; 12 t; 13 062 kg; 1 817,75 g; 90 885 mg; 403 g; 6 600,112 kg; $\frac{1}{2}$ kg; $\frac{1}{5}$ g.

Aufgabe 2: Verwandle in die nächstkleinere Einheit: 15 g; 7 123,77 kg; 3,5 t; 21 000 mg; 110 t; 19,5 kg; 1 000,333 g; 753,25 g; 91 000,225 kg; 45,2 t; $\frac{1}{4}$ t; $\frac{3}{5}$ g.

Aufgabe 3: Verwandle in die in Klammern angegebene Einheit: 85,3 kg (t); 85,3 kg (mg); 125 mg (g); 2 125 g (t); 8,5 t (g); 2,375 g (t); $\frac{1}{2}$ kg (mg); $\frac{1}{4}$ t (kg); 97,275 g (kg); 32 000 mg (t); $\frac{3}{5}$ g (mg); $\frac{4}{5}$ g (kg).

Aufgabe 4: Es ist 1 t 275 kg = 1,275 t. Verfahre ebenso: 32 g 999 mg; 130 g 32 mg; 5 kg 50 mg; 2 t 220 kg; 22 t 500 g.

Aufgabe 5: Es ist 2,034 t = 2 t 34 kg. Verfahre ebenso: 33,005 kg; 2,000 35 t; 100,255 g; 7,000 03 kg; 17,207 t.

Lösungen der Musteraufgaben

Aufgabe 1: Es geht immer eine Sprosse nach oben, also muß das Komma stets um drei Stellen nach links rücken. Sorge vor dem Umwandeln dafür, daß genügend Nullen vorhanden sind.
55 kg = 0 055 kg = 0,055 t; 2 133,75 mg = 2,133 75 g; 879 g = 0879 g = 0,879 kg; 0,7 kg = 0 000,7 kg = 0,000 7 t; 12 t (höher geht's nicht!); 13 062 kg = 13,062 t; 1 817,75 g = 1,817 75 kg; 90 885 mg = 90,885 g; 403 g = 0 403 g = 0,403 kg; 6 600,112 kg = 6,600 112 t; $\frac{1}{2}$ kg = 0,5 kg = 0 000,5 kg = 0,000 5 t; $\frac{1}{5}$ g = 0,2 g = 0 000,2 g = 0,000 2 kg.

Aufgabe 2: Es geht immer eine Sprosse nach unten, also muß das Komma stets um drei Stellen nach rechts rücken.
15 g = 15,000 g = 15 000 mg; 7 123,77 kg = 7 123,770 kg = 7 123 770 g; 3,5 t = 3,500 t = 3 500 kg; 21 000 mg (kleiner geht's

nicht!); 110 t = 110,000 t = 110 000 kg; 19,5 kg = 19,500 kg = 19 500 g; 1 000,333 g = 1 000 333 mg; 735,25 g = 735,250 g = 735 250 mg; 91 000,225 kg = 91 000 225 g; 45,2 t = 45,200 t = 45 200 kg; $\frac{1}{4}$ t = 0,250 t = 250 kg; $\frac{3}{5}$ g = 0,600 g = 600 mg.

Aufgabe 3: Überlege zuerst, wieviel Sprossen du klettern oder hinabsteigen mußt.
85,3 kg = 0 085,3 kg = 0,085 3 t (eine Sprosse nach oben!);
85,3 kg = 85,300 kg = 85 300 g (eine Sprosse nach unten!);
125 mg = 0125 mg = 0,125 g (eins nach oben); 2 125 g = 0 002 125 g = 0,002 115 t (zwei nach oben!); 8,5 t = 8,500 000 t = 8 500 000 g (zwei nach unten); 2,375 g = 0 000 002,375 g = 0,000 002 375 t (zwei nach oben); $\frac{1}{2}$ kg = 0,500 000 kg = 500 000 mg; $\frac{1}{4}$ t = 0,250 t = 250 kg; 97,275 g = 97 275 kg; 32 000 mg = 0 000 032 000 mg = 0,000 032 000 t = 0,000 032 t; $\frac{3}{5}$ g = 0,600 g = 600 mg; $\frac{4}{5}$ g = 0,8 g = 00 008 g = 0,000 8 kg.

Aufgabe 4: 32 g 999 mg = 32,999 g; 130 g 32 mg = 130,032 g (Vorsicht!); 5 kg 50 mg = 5,000 050 kg = 5,000 05 kg; 2 t 220 kg = 2,220 t = 2,22 t; 22 t 500 g = 22,000 500 t = 22,000 5 t.

Aufgabe 5: 33,005 kg = 33 kg 5 g; 2,000 35 t = 2 t 350 g (Vorsicht!); 100,225 g = 100 g 225 mg; 7,000 03 kg = 7 kg 30 mg (Vorsicht!); 17,207 t = 17 t 207 kg.

Aufgaben zum selbständigen Lösen

Aufgabe 1: Verwandle in die Maßeinheit kg: 700 g; 12,3 t; 9 982 g; 0,02 t; 7 500 000 mg; 66 g; 8 800 t; $\frac{3}{5}$ kg; $\frac{1}{10}$ kg; 0,065 t.

Aufgabe 2: Verwandle in g: 2,3 kg; 0,000 7 t; 0,000 07 t; 130 000 mg; 0,552 kg; 773,25 kg; 6,875 t; $\frac{2}{5}$ g; $\frac{1}{100}$ g; 0,000 8 kg.

Gewichtsmaße

Aufgabe 3: Verwandle in die in Klammern angegebene Maßeinheit: 2,15 kg (mg); 7 g (t); 0,05 t (g); 0,000 003 t (mg); 50,5 g (kg); 500,5 g (kg); 980 g (t); 12,553 3 t (kg); 900 mg (kg); 88 kg (mg); 808 kg (t); $\frac{4}{5}$ kg (g); $\frac{7}{8}$ g (mg); $\frac{1}{10}$ t (g); $\frac{1}{100}$ t (g); $\frac{5}{1000}$ t (kg); 0,5 kg (g).

Aufgabe 4: Drücke mit einem Bruch als Maßzahl aus: 0,5 t; 0,01 kg; 0,001 g; 0,625 g; 0,8 mg; 0,4 t.

Aufgabe 5: Schreibe die Maßzahl mit Komma! Verwandle anschließend in die nächstkleinere Maßeinheit:

$\frac{1}{4}$ kg; $\frac{2}{5}$ t; $\frac{3}{4}$ g; $\frac{1}{2}$ mg; $\frac{3}{5}$ g; $\frac{1}{10}$ kg.

Aufgabe 6: Ordne der Größe nach:

a) $\frac{4}{5}$ kg; 0,805 kg; 800 700 mg; 0,845 kg; 820 g.

b) $\frac{1}{8}$ t; 130 kg; 129 500 g; 131 000 000 mg; 0,13 t.

Textaufgaben

Aufgabe 1: Herr Karlssen mietet einen Kombi für seinen Umzug. Dieser darf 550 kg zuladen. Herr Karlssen hat seine Bücher in Kisten verpackt, die jeweils 25 kg wiegen. Er selbst wiegt 80 kg. Wie viele Bücherkisten darf er transportieren, wenn er allein mit dem Kombi fährt?

Aufgabe 2: Für einen anderen Kombi, der Herr Karlssen angeboten wird, lauten die Angaben: Eigengewicht 630 kg; zulässiges Gesamtgewicht 1,2 t. Wieviel Kisten könnte Herr Karlssen damit befördern, wenn er alleine fährt? Welcher Wagen ist vorteilhafter für ihn?

Aufgabe 3: Simon kauft ein: 3 Tafeln Schokolade zu je 125 g, 2 Tüten Mehl zu je 1 kg, 1 Päckchen Kaffee ($\frac{1}{2}$ kg), einen kleinen Sack Kar-

toffeln (2,5 kg) und einen Laib Brot (1 500 g). Wieviel muß er schleppen?

Aufgabe 4:

Die Waage ist im Gleichgewicht. Was kann man daraus über das Gewicht einer leeren Flasche folgern?
Wieviel wiegt eine leere Flasche, wenn eine volle Flasche 1 600 g wiegt?
Was geschieht, wenn du eine leere Flasche von der Waage herunternimmst?

Aufgabe 5: Mit einem Tiertransporter (Eigengewicht 1 650 kg, zulässiges Gesamtgewicht 4 200 kg) sollen drei Grizzlybären (von denen jeder 450 kg wiegt) und zwei Eisbären (von denen jeder $\frac{4}{5}$ t wiegt) befördert werden. Ist das zulässig?

Aufgabe 6: 2 kg Tabak werden in Beutel zu je $\frac{1}{8}$ kg abgefüllt. Wie viele Beutel erhält man?

Aufgabe 7: Welches Angebot ist günstiger?

a) b)

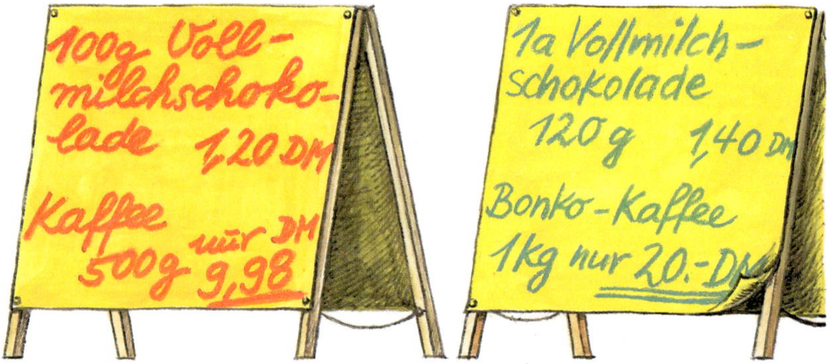

Zeitmaße

Zeitspannen

Zeitspannen werden mit der Uhr gemessen:

Es bedeutet: der Umlauf des Sekundenzeigers eine **Minute** (min); der Umlauf des großen Zeigers eine **Stunde** (h für lateinisch hora = Stunde).

Der kleine Zeiger dient dazu, die abgelaufenen Stunden anzuzeigen oder, wie man sagt, die Uhrzeit. Pro Stunde rückt er um eine Ziffer vor. Ist er zweimal um das Zifferblatt herumgewandert, so ist ein Tag (d für lateinisch dies = Tag) vergangen. Die Zeiteinheiten Sekunde (s), Minute (min), Tag (d) und Stunde (h) lassen sich folgendermaßen ineinander umrechnen:

60 s = 1 min
60 min = 1 h
24 h = 1 d

(1 Jahr = 12 Monate = 365 d; 1 Monat = 30/31 oder 28 d).

Bei den Zeitmaßen gibt es keine feste Umwandlungszahl. Aus diesem Grund ist eine Kommaschreibweise bei Zeitangaben nicht üblich.

Der Weltrekord im 100-Meter-Lauf der Herren liegt bei rund 10 s. Eine Schulstunde dauert meist nur 45 min. Das Licht benötigt für den Weg von der Sonne zur Erde 8 min.
Die Zeit läßt sich natürlich auch mit anderen Instrumenten messen:

Zeitmaße

So hat man heute häufig Digitaluhren, die keine Zeiger mehr besitzten, sondern die Uhrzeit durch Ziffern angeben.

Es ist 14 Uhr 25 min und 47 s.

Eine solche Uhr gibt einen **Zeitpunkt** an. **Zeitspannen** sind Differenzen zwischen Zeitpunkten.

Um Irrtümer auszuschließen, spricht man in der Mathematik immer von 14 Uhr und nicht von 2 Uhr.

Musteraufgaben

Aufgabe 1: Wie viele Minuten vergehen an einem Tag? Wie viele Sekunden hat eine Stunde (ein Tag)?
Wie viele Stunden hat eine Woche? Errechne die Anzahl der Minuten, die während einer Woche vergehen!

Aufgabe 2: Rechne um:
in d: 24 h; 72 h; 1 440 min; 720 min; 120 h.
in h: 120 min; 7 200 min; 3 600 s; 18 000 s; 1 260 min.
in min: 2 d; 180 s; 1 320 s; 5 d; 360 s.
in s: 1 d; 7 h; 5 h; 20 min; 5 min.

Aufgabe 3: Wandle in die kleinere Einheit um:
1 h 10 min; 2 d 12 h; 20 min 30 s; 2 h 10 min; 7 h 30 min; 6 d 10 h; 3 d 18 h; 15 min 45 s; 55 min 55 s.

Zeitmaße

Aufgabe 4: Wie viele Stunden hat ein halber (viertel) Tag? Wie viele Minuten hat eine halbe (eine viertel) Stunde? Wie viele Sekunden dauert eine zehntel Minute?

Aufgabe 5: Ordne die folgenden Zeitspannen der Größe nach! Beginne mit der kürzesten (verwende das Zeichen „<“): 1 h 30 min; 90 min 30 s; 550 s; 2 h 5 min; $\frac{1}{4}$ d.

Aufgabe 6: Es ist 150 min = 2 h 30 min. Verfahre ebenso: 117 h; 190 min; 365 s; 144 h; 115 min; 750 s; 44 h; 611 min; 200 s; 280 h.

Lösungen der Musteraufgaben

Aufgabe 1: Ein Tag hat 24 Stunden zu jeweils 60 min:

$$1\ \text{d} = 24 \cdot 60\ \text{min} = 1\,440\ \text{min}.$$

Eine Stunde dauert 60 Minuten zu jeweils 60 Sekunden:

$$1\ \text{h} = 60 \cdot 60\ \text{s} = 3\,600\ \text{s}.$$

Also hat ein Tag 24 · 3 600 s = 86 400 Sekunden!

Eine Woche hat 7 Tage zu jeweils 24 Stunden:

$$1\ \text{Woche} = 7 \cdot 24\ \text{h} = 168\ \text{h}.$$

Also hat eine Woche 168 · 60 = 10 080 Minuten oder 604 800 s.

Aufgabe 2: 24 h = 1 d; 72 h = 3 d; 1 440 min = 1 d (Überlege, wie oft 60 in 1 440 paßt.); 720 min = 12 h = $\frac{1}{2}$ d; 120 h = 5 d.
120 min = 2 h; 7 200 min = 120 h; 3 600 s = 1 h; 18 000 s = 5 h; 1 260 min = 21 h.
2 d = 48 · 60 min = 2 880 min; 180 s = 3 min; 1 320 s = 22 min; 5 d = 120 · 60 min = 7 200 min.
1 d = 24 · 60 min = 24 · 60 · 60 s = 86 400 s;
7 h = 7 · 60 min = 7 · 60 · 60 s = 25 200 s;
5 h = 5 · 60 min = 5 · 60 · 60 s = 18 000 s;
20 min = 1 200 s; 5 min = 300 s.

Aufgabe 3: 1 h 10 min = 60 min + 10 min = 70 min;
2 d 12 h = 48 h + 12 h = 60 h;
20 min 30 s = 1 200 s + 30 s = 1 230 s;
2 h 10 min = 120 min + 10 min = 130 min;
7 h 30 min = 420 min + 30 min = 450 min;
6 d 10 h = 144 h + 10 h · = 154 h;
3 d 18 h = 72 h + 18 h = 90 h;
15 min 45 s = 900 s + 45 s = 945 s;
55 min 55 s = 3 300 s + 55 s = 3 355 s.

Aufgabe 4: $\frac{1}{2}$ d = 12 h; $\frac{1}{4}$ d = 6 h; $\frac{1}{2}$ h = 30 min; $\frac{1}{4}$ h = 15 min; $\frac{1}{10}$ min = 6 s.

Aufgabe 5: Um besser vergleichen zu können, wandeln wir alle Größen in s um:
1 h 30 min = 90 min = 90 · 60 s = 5 400 s;
90 min 30 s = 5 400 s + 30 s = 5 430 s; 550 s;
2 h 5 min = 125 min = 125 · 60 s = 7 500 s;

$\frac{1}{4}$ d = 6 h = 6 · 60 min = 6 · 60 · 60 s = 21 600 s.

Also ist die gesuchte Reihenfolge:
550 s < 5 400 ~~s~~ < 5 430 s < 7 500 s < 21 600 s.

Aufgabe 6: 117 h = 96 h + 21 h = 4 d 21 h (frage dich: Wieviel ganze Tage sind in der Maßzahl?);
190 min = 180 min + 10 min = 3 h 10 min;
365 s = 360 s + 5 s = 6 min 5 s; 144 h = 6 d;
115 min = 60 min + 55 min = 1 h 55 min;
750 s = 720 s + 30 s = 12 min 30 s;
44 h = 24 h + 20 h = 1 d 20 h;
611 min = 600 min + 11 min = 10 h 11 min;
200 s = 180 s + 20 s = 3 min 20 s;
280 h = 264 h + 16 h = 11 d 16 h.

Zeitmaße

Aufgaben zum selbständigen Lösen

Aufgabe 1: Wandle um:

in s: 21 min; 5 min; 2 h; $\frac{1}{2}$ min; $\frac{1}{4}$ min; $\frac{1}{2}$ h;

in min: 480 s; 3 h; 2 d; 1 200 s; $\frac{1}{3}$ h; $\frac{1}{2}$ d;

in h: 660 min; 7 200 s; 5 d; $\frac{1}{4}$ d; 2 400 min; $\frac{2}{3}$ d.

Aufgabe 2: Wandle in die nächstkleinere Maßeinheit um:
3 h; 20 min; 120 s; 1 d; 17 h; 12 min; $\frac{1}{5}$ h; $\frac{1}{2}$ min; $\frac{1}{10}$ h; $\frac{1}{3}$ d.

Aufgabe 3: Wandle in die nächstgrößere Maßeinheit um:
660 s; 780 min; 30 min; 12 h; 1 020 s; 72 h; 8 h; 20 s.

Aufgabe 4: Es ist 90 min = 1 h 30 min. Verfahre ebenso:
30 h; 300 min; 200 s; 168 h; 62 min; 124 s.

Aufgabe 5: Es ist 1 h 50 min = 110 min. Verfahre ebenso:
7 h 20 min; 10 h 1 min; 3 d 2 h; 5 d 10 h; 3 min 20 s; 10 min 10 s.

Zeitmaße

Zeitpunkte

Zeitspannen (z. B. 1 h) sind Abstände zwischen Zeitpunkten (z. B. 10 und 11 Uhr). Meist sagt man **Uhrzeit** anstatt Zeitpunkt.

Musteraufgaben

Aufgabe 1: Ergänze den folgenden Fahrplan:

Linie 5

	a)	b)	c)
Abfahrt	10.30	8.00	
Ankunft	12.45		12.00
Fahrzeit		3 h 25 min	4 h 30 min

Aufgabe 2: Es ist jetzt 8.53 Uhr. Wieviel Uhr wird es sein **in**

a) 2 h; b) 6 h 25 min; c) 1 d; d) $1\frac{1}{2}$ d; e) 7 h 58 min;

war es **vor**

f) 16 h; g) 4 h 32 min; h) 3 d; i) $5\frac{1}{4}$ d; j) 43 h 55 min.

Aufgabe 3: Der Mathematiker Leonhard Euler wurde am 15. April 1707 geboren und ist am 18. September 1783 gestorben. Wie viele Tage hat er gelebt? Verwende einen Taschenkalender!

Zeitmaße

Aufgabe 4: Verbindung Saarbrücken–Köln:

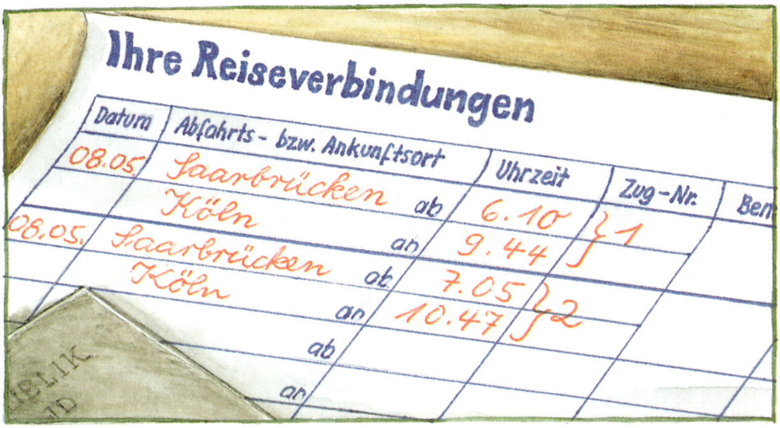

Wie lange ist der Reisende unterwegs? Wieviel beträgt die reine Fahrzeit, wenn der erste Zug insgesamt 20 min Aufenthalt hat, der zweite 12 min? Welcher Zug ist schneller?

Lösungen der Musteraufgaben

Aufgabe 1: a) Die sicherste Methode, um die Zeitspanne zwischen zwei angegebenen Uhrzeiten zu berechnen, kannst du im ersten Beispiel kennen lernen:
Von 10.30 Uhr fehlen 30 min bis zur nächsten vollen Stunde (11.00 Uhr); von da fehlt eine Stunde bis zur vollen Stunde der Ankunftszeit (12.00 Uhr). Jetzt sind nur noch die letzten 45 min (nämlich von 12.00 Uhr bis 12.45 Uhr) zu ergänzen. Also insgesamt:
30 min + 1 h + 45 min = 30 min + 60 min + 45 min = 135 min = 2 h 15 min.
b) Von 8.00 Uhr gehen wir zuerst drei volle Stunden weiter; wir sind dann bei 11.00 Uhr. Jetzt müssen wir noch die 25 min berücksichtigen! Also lautet die Ankunftszeit 11.25 Uhr.
c) Von 12.00 Uhr rechnen wir zuerst 4 h zurück. Dann haben wir 8.00 Uhr. Jetzt müssen wir noch weitere 30 min zurückgehen und kommen so zu 7.30 Uhr.

Aufgabe 2: a) Es ist dann – „nach" muß mathematisch als „+" (plus) ausgedrückt werden – 8.53 Uhr + 2 h = 10.53 Uhr.
b) 8.53 Uhr + 6 h = 14.53 Uhr, 14.53 + 25 min = 14.53 Uhr + 7 min + 18 min = 15.00 Uhr + 18 min = 15.18 Uhr (rechne stets auf diese Weise!).
c) 8.53 Uhr + 1 d = 8.53 Uhr + 24 h = 8.53 Uhr am folgenden Tag.

d) 8.53 Uhr $+1\frac{1}{2}$ d = 8.53 Uhr + 36 h = 8.53 Uhr + 12 h = 20.53 Uhr am folgenden Tag.

e) 8.53 Uhr + 7 h = 15.53 Uhr, 15.53 Uhr + 58 min = 15.53 + 7 min + 51 min = 16.00 Uhr + 51 min = 16.51 Uhr.
f) „Vor" muß mathematisch als „–" (minus) ausgedrückt werden. Also mußt du so rechnen:
8.53 Uhr – 16 h. Das würde zu negativen Ergebnissen führen. Hier hilft ein Trick: Wie du schon weißt, ändert die Addition von 24 h die Uhrzeit nicht. Also gilt: 8.53 Uhr = 32.53 Uhr, womit sich aber besser rechnen läßt:

32.53 Uhr – 16 h = 16.53 Uhr!

g) 8.53 Uhr – 4 h 32 min rechnen wir wieder schrittweise aus:
8.53 Uhr – 4 h = 4.53 Uhr; 4.53 Uhr – 32 min = 4.21 Uhr.
h) 8.53 Uhr – 3 d = 8.53 Uhr – 72 h = 8.53 Uhr (weil 72 ein Vielfaches von 24 ist).

i) 8.53 Uhr $-5\frac{1}{4}$ d.

Das rechnen wir wieder schrittweise aus: Vor 5 d genau war es ebenfalls 8.53 Uhr, also muß man noch berechnen:

8.53 Uhr – $\frac{1}{4}$ d = 8.53 Uhr – 6 h = 2.53 Uhr.

j) 8.53 Uhr – 43 h 55 min = 8.53 Uhr + 48 h – 43 h 55 min = 56.53 Uhr – 43 h 55 min; 56.53 Uhr – 43 h = 13.53 Uhr; 13.53 Uhr – 55 min = 13.53 – 53 min – 2 min = 13.00 Uhr – 2 min = 12.58 Uhr.

Aufgabe 3: Du sollst die Zeitspanne vom 15. April 1707 bis zum 18. September 1783 berechnen. Auch hier ist schrittweises Vorgehen angebracht! Benütze einen Kalender, in dem die Anzahl der Tage eingetragen ist: der 15. April ist der 105. Tag des Jahres.
Vom 15. April 1707 bis zum 31. Dez. 1707 vergingen 261 d,
1. 1. 1708 – 31. 12. 1782 sind 75 Jahre = 75 · 365 d = 27 375 d;
vom 1. Januar 1783 bis zum 18. Sept. 1783 vergingen 261 d.
Also hat Leonhard Euler 27 897 Tage gelebt. (Wir haben die sogenannten **Schaltjahre** nicht berücksichtigt. Wie wäre in diesem Fall das Erbebnis abzuändern?)

Aufgabe 4:

von 6.10 Uhr bis 7.00 Uhr:		50 min
von 7.00 Uhr bis 9.00 Uhr:	2 h =	120 min
von 9.00 Uhr bis 9.44 Uhr:		44 min
Fahrzeit		214 min
davon 20 min Aufenthalt		– 20 min
reine Fahrzeit		194 min

von 7.05 Uhr bis 8.00 Uhr:		55 min
von 8.00 Uhr bis 10.00 Uhr:	2 h =	120 min
von 10.00 Uhr bis 10.47 Uhr:		47 min
		222 min
davon 12 min Aufenthalt:		– 12 min
		210 min

Zeitmaße

Aufgaben zum selbständigen Lösen

Aufgabe 1: Ergänze:

Abfahrt	2.53 Uhr	3.04 Uhr	12.30 Uhr
Ankunft	9.07 Uhr	1.01 Uhr	
Fahrzeit			6 h 20 min

Abfahrt		22.14 Uhr	
Ankunft	17.53 Uhr		0.12 Uhr
Fahrzeit	13 h 10 min	15 h 27 min	7 h 30 min

Aufgabe 2: Es ist jetzt 12.51 Uhr. Wieviel Uhr

ist es **nach** 8 h 16 min; 21 h 15 min; $2\frac{1}{2}$ d; $7\frac{1}{4}$ d;

2 h 5 min; 23 h; 6 h 29 min; 19 h 54 min,

war es **vor** 6 h 8 min; 12 d; $4\frac{3}{4}$ d; 1 h 32 min;

7 h 55 min; 3 h; 19 h 42 min; 17 h 2 min.

Aufgabe 3: Wie viele Tage lebten Karl Friedrich Gauß (30. 4. 1777–23. 2. 1855), Albert Einstein (14. 3. 1879–18. 4. 1955) und David Hilbert (23. 1. 1862–14. 2. 1943)? Schaltjahre dürfen unberücksichtigt bleiben!

Aufgabe 4: Wieviel Tage dauern die 4 Jahreszeiten? (Frühlingsanfang: 21. März; Sommeranfang: 21. Juni; Herbstanfang: 23. Sept.; Winteranfang: 22. Dez.)

Aufgabe 5: Welche Uhrzeit zeigt deine Digataluhr, wenn seit 10.00 Uhr folgende Zeitspannen vergangen sind:

100 min; 290 min; 4 h 32 min; 20 min; $2\frac{1}{2}$ d; 46 h.

Zeitmaße

Textaufgaben

Aufgabe 1: Wenn es bei uns 12.00 Uhr ist, ist es in New York erst 6.00 Uhr. Ein Flugzeug startet um 17.15 Uhr in Frankfurt und landet um 18.15 Uhr in New York (beide Angaben in Ortszeit).

a) Wie lange war das Flugzeug unterwegs?

b) Das Flugzeug macht eine Zwischenlandung in London. Diese dauert $1\frac{1}{2}$ h. Wie lange befindet sich das Flugzeug in der Luft?

Aufgabe 2: Wenn es bei uns 12.00 Uhr (MEZ) ist, ist es in Warschau 13.00 Uhr (Osteuropäische Zeit – OEZ) und in Moskau 14.00 Uhr (Moskauer Zeit – MZ). Der „Ost-West-Expreß (D 241) der Deutschen Bundesbahn fährt um 3.04 Uhr in Hannover ab. Er erreicht Warschau am darauffolgenden Tag um 18.50 Uhr (OEZ) und Moskau am übernächsten Tag um 14.41 Uhr (MZ). Bestimme die Fahrzeit von Hannover nach Warschau und von Hannover nach Moskau!

Die entsprechenden Angaben für den Gegenzug (D 240) lauten: Moskau ab 20.17 Uhr (MZ), Warschau ab (am nächsten Tag) 14.10 Uhr (OEZ) und Hannover an (am dritten Tag) 3.46 Uhr (MEZ). Welcher Zug ist schneller?

Aufgabe 3: Ermittle die Zeitverschiebung aus der folgenden Flugtabelle:

Abflug	Düsseldorf	14.45 Uhr	Düsseldorf	12.20 Uhr
Ankunft	Miami	19.00 Uhr	Montreal	14.20 Uhr
(echte) Flugdauer		10 h 15 min		8 h

Aufgabe 4:

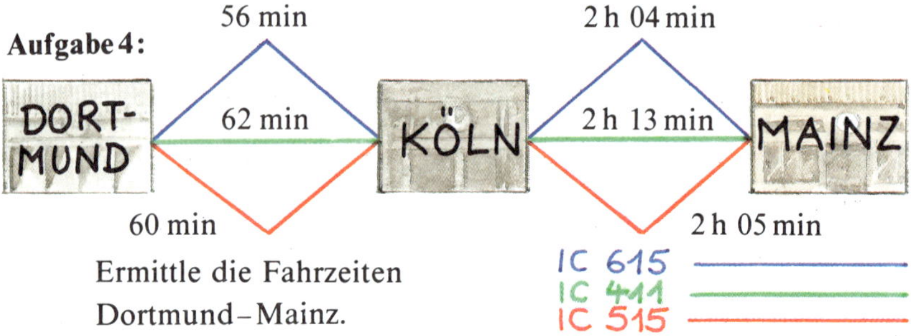

Ermittle die Fahrzeiten Dortmund–Mainz.

Aufgabe 5: Die Schule beginnt um 8.10 Uhr. Eine Doppelstunde dauert 90 min, die sich anschließende Pause eine viertel Stunde. Es folgt eine weitere Doppelstunde, eine kleine Pause von 10 min und eine Einzelstunde, die eine volle Stunde dauert. Wann schließt der Unterricht?

Aufgabe 6: Dein Unterricht beginnt um 8.10 Uhr. Für den Schulweg brauchst du 25 min. Wann mußt du zuhause losgehen, wenn du 10 min vor Beginn da sein willst und noch 5 min für einen Einkauf beim Bäcker benötigst?

Aufgabe 7: Beim Training zu einem Autorennen durchfuhr ein Fahrer den Rundkurs insgesamt 27 mal in einer Zeit von 351 min. Wie lange brauchte er durchschnittlich für eine Runde?

Aufgabe 8: Herr Welsch telefoniert mit seiner Schwester, die in Braunschweig wohnt. Er stoppt die Dauer des Gesprächs: 8 min 33 s. Dem Gebührenheft entnimmt er, daß eine Einheit 19 s beträgt. Wie viele Einheiten hat er vertelefoniert?

Aufgabe 9: Die Öffnungszeiten der Stadtbücherei sind wie folgt festgelegt:

Montag, Mittwoch, Freitag	9.30 Uhr – 16.00 Uhr
Dienstag, Donnerstag	10.00 Uhr – 12.00 Uhr
	16.00 Uhr – 19.00 Uhr
Samstag	9.00 Uhr – 12.00 Uhr

Zeitmaße

Geschwindigkeit ist keine Hexerei

Das Kursbuch der Deutschen Bundesbahn gibt für die 94 km lange Strecke Köln–Koblenz folgende Zeiten an:

km		TEE 15 „Rheingold“	IC 625 „Bacchus“	D 701
0	Köln ab	9.46	9.58	10.19
94	Koblenz an	10.36	10.49	11.24

Welcher dieser Züge ist der schnellste, welcher der langsamste? Um dies herauszufinden, ermitteln wir die jeweiligen Fahrzeiten:

Fahrzeit	50 min	51 min	65 min = 1 h 5 min

Also durchfährt der TEE die Strecke in der kürzesten Zeit – anders gesagt: Er erreicht die größte **Geschwindigkeit.**

$$\text{Geschwindigkeit} = \frac{\text{zurückgelegter Weg}}{\text{hierfür benötigte Zeit}}$$

Der D 701 braucht die längste Zeit, ist also am langsamsten auf dieser Strecke.
Der IC 682 „Ernst Barlach“ bewältigt die 166 km lange Strecke von Hannover bis Hamburg-Harburg in 1 h 5 min = 65 min. Ist dieser IC schneller als der TEE 15 „Rheingold“?
Um solche Fragen beantworten zu können, bezieht man alle Geschwindigkeitsangaben auf die ganze Stunde. Als Einheit nimmt man

Kilometer pro Stunde (abgekürzt: km/h).

Der TEE legt in 50 min 94 km zurück, also in 10 min 54 km: 5 18,4 km. Das ergibt für 60 min 6 · 18,4 km = 110,4 km. Der „Rheingold“ erreicht eine Geschwindigkeit von 110,4 km/h.

Der „Ernst Barlach“ braucht für die 166 km von Hannover nach Hamburg 65 min. Also legt er in 5 min 166 : 13 = 12,77 km (aufgerundet) zurück. In 60 min schafft er die zwölffache Strecke: 12,77 km · 12 = 153,24 km. Somit erreicht der IC 682 eine Geschwindigkeit von 153,24 km/h. Damit ist er viel schneller als der TEE! Tatsächlich ist der „Ernst Barlach“ der schnellste Zug der Bundesbahn.

Zeitmaße

Die Geschwindigkeitsangabe km/h bedeutet diejenige Strecke (gemessen in km), die in einer Stunde zurückgelegt wird.

Ein Fußgänger erreicht eine Geschwindigkeit von ungefähr 6 km/h, ein Weltklassesprinter schafft im 100-m-Lauf 36 km/h. Der Windhund kommt auf 100 km/h. Die Geschwindigkeiten von Pkw kennt heute jedes Kind.

Dir ist sicherlich aufgefallen, daß Züge ja nicht immer gleich schnell fahren: Bei der Ausfahrt aus einem Haltebahnhof beschleunigen sie, bei der Einfahrt in den Zielbahnhof bremsen sie. Auch unterwegs gibt es Stellen, wo der Zug langsamer (z. B. vor scharfen Kurven) und nachher wieder schneller wird (wenn die Strecke wieder gerade ist). Die von uns berechneten Geschwindigkeiten sind darum **Durchschnittsgeschwindigkeiten.** Davon sind die **Höchstgeschwindigkeiten** zu unterscheiden, die bei der Bundesbahn bei etwa 200 km/h liegen.

Musteraufgaben

Aufgabe 1: Errechne die Geschwindigkeiten:

km					
0	A-Stadt ab	9.10	12.25	14.05	17.00 Uhr
42	B-Stadt an	10.00	13.00	14.35	17.20 Uhr

Aufgabe 2: Ein Pkw fährt mit einer Geschwindigkeit von 80 km/h (120 km/h). Wie lange braucht er für eine 240 km (300 km) lange Strecke?

Aufgabe 3: Die Concorde, eines der schnellsten Passagierflugzeuge der Welt, fliegt in 2 h 4360 km. Wie lange benötigt sie für 21 800 km (13 080 km)?

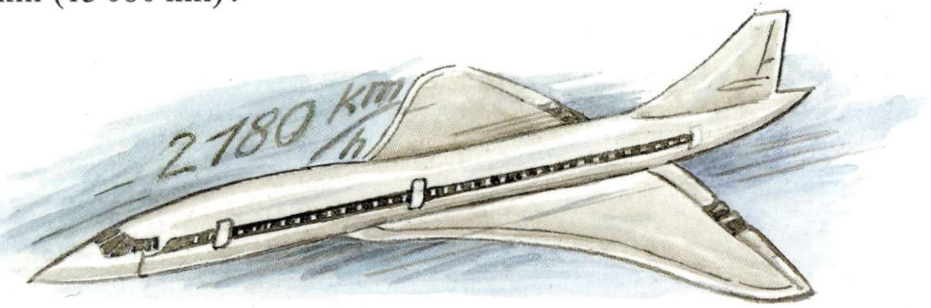

Aufgabe 4: Herr Meier fährt die 30 km lange Strecke in die nächste Stadt in 20 min. Welche Geschwindigkeit erreicht er? Sein Sohn Peter braucht für diesselbe Strecke mit dem Fahrrad 50 min. Wie schnell ist Peter?

Aufgabe 5: Ingrid fährt mit der Bahn zu ihrer Oma nach C-Stadt. Sie startet um 16.12 Uhr in A. Um 16.22 Uhr kommt ihr Zug in der 12 km entfernten Gemeinde B. an. Sie möchte gerne ausrechnen, wie lange sie noch bis C brauchen wird, wenn der Zug mit der gleichen Geschwindigkeit weiterfährt. Von B nach C sind es noch 30 km. Kannst du Ingrid helfen?

Lösungen der Musteraufgaben

Aufgabe 1: Die Fahrzeiten der Züge betragen 50 min, 35 min, 30 min und 20 min. Das ergibt folgende Geschwindigkeiten (wir rechnen zuerst die in 5 min zurückgelegte Strecke aus, dann die für 1 h): Fährt der Zug in 50 min 42 km, so fährt er in 5 min 42 km : 10 = 4,2 km, in 1 h also 50 km (50 km/h; 72 km/h; 84 km/h; 132 km/h).

Aufgabe 2: 80 km/h bedeutet: Der Pkw fährt in einer Stunde 80 km weit. 240 km sind genau das Dreifache von 80 km, also braucht er auch die dreifache Zeit, also 3 h (300 km = 2,5 · 120 km, also braucht der Pkw zweieinhalb Stunden = 2 h 30 min).

Aufgabe 3: Wir errechnen zuerst die Geschwindigkeit der Concorde: Wenn diese in zwei Stunden 4360 km zurücklegt, schafft sie in einer Stunde genau die Hälfte: 2 180 km. Also erreicht sie die Geschwindigkeit 2 180 km/h. Nun ist 21 800 km = 10 · 2 180 km, weshalb die Concorde für diese Strecke (die etwa dem halben Erdumfang entspricht) 10 h braucht (für 13 080 km braucht sie 6 h).

Zeitmaße

Aufgabe 4: Für 30 km braucht Herr Meier 20 min. Also fährt er in 5 min 30 km : 4 = 7,5 km. In einer Stunde macht das 12 · 7,5 km = 90 km. Seine Geschwindigkeit beträgt somit 90 km/h. Peter braucht 50 min. In 5 min schafft er 30 km : 10 = 3 km, also in einer Stunde 12 · 3 km = 36 km. Peter fährt somit 36 km/h (ganz schön schnell!).

Aufgabe 5: Von A nach B braucht der Zug 10 min. Diese Strecke ist 12 km lang. In 5 min fährt der Zug also 6 km weit, in einer Stunde 12 · 6 km = 72 km. Die Geschwindigkeit des Zuges beträgt 72 km/h. Um auszurechnen, wie lange der Zug für die restlichen 30 km brauchen wird, gehst du am besten wieder auf die 5 min zurück: In dieser Zeit schafft er 6 km. 30 km sind aber das 5fache von 6 km, also braucht der Zug auch die 5fache Zeit! Er braucht 5 · 5 min = 25 min.

Aufgaben zum selbständigen Lösen

Aufgabe 1: Ermittle die Geschwindigkeit auf den Strecken zwischen A und B sowie B und C:

km			Nr. 1	Nr. 2	Nr. 3
0	A	ab	8.00	7.30	12.20 Uhr
280	B	an	10.00	12.30	16.20 Uhr
		ab	10.10	13.10	16.50 Uhr
400	C	an	12.10	14.10	18.20 Uhr

Aufgabe 2:

Der Mond ist etwa 384 000 km von der Erde entfernt. Wie lange ist eine Rakete bis dorthin unterwegs, wenn sie eine Geschwindigkeit von 12 000 km/h erreicht?

Zeitmaße

Aufgabe 3: Familie Meier nimmt an einer Volkswanderung teil. Die Strecke ist 36 km lang. Start ist um 8 Uhr. Die erste Hälfte der Strecke legen die Meiers mit einer Geschwindigkeit von 6 km/h zurück. Ermüdet machen sie eine halbe Stunde Rast. Das restliche Stück schaffen sie mit 4 km/h. Wann kommen sie am Ziel an?

Aufgabe 4: Lena fährt mit dem Rad zu ihrer Tante, die 18 km entfernt wohnt. Sie startet um 7 Uhr. Die letzten 3 km muß sie ihr Rad schieben, da es einen Plattfuß bekommen hat. Hierfür braucht sie eine halbe Stunde. Wenn Lena fährt, erreicht sie eine Geschwindigkeit von 30 km/h. Wann kommt Lena bei ihrer Tante an?

Aufgabe 5: Sind die Verkehrsschilder, die zur Beschränkung der Geschwindigkeit aufgestellt werden, eigentlich richtig?

Währungen

Die Deutsche Mark

Auch durch Geld wird etwas gemessen – nämlich die *Kaufkraft:* Für viel Geld kann man sich mehr kaufen als für wenig Geld. Die **Maßeinheit** heißt bei uns in der Bundesrepublik Deutschland **1 Deutsche Mark** (DM) oder **1 Deutscher Pfennig** (1 Pf). Es gilt: 100 Pf = 1 DM. Für folgende Werte sind Geldstücke oder Geldscheine z. Zt. im Umlauf:

Geldstücke	Geldscheine
1 Pf	5 DM
2 Pf	10 DM
5 Pf	20 DM
10 Pf	50 DM
50 Pf	100 DM
1 DM	500 DM
2 DM	1 000 DM
5 DM	
10 DM	

Dieses Buch, das du in der Hand hältst, kostet 9,80 DM = 9 DM 80 Pf. Ein dicker Lexikonband bringt es auf etwa 140 DM. Für einen Pkw muß man zwischen 10 000 DM und 40 000 DM zahlen, für ein Einfamilienhaus mehrere hunderttausend DM.

Währungen

Da die Umwandlungszahl von Pf nach DM **100** ist, kann man auch leicht die Kommaschreibweise verwenden. Es ist:

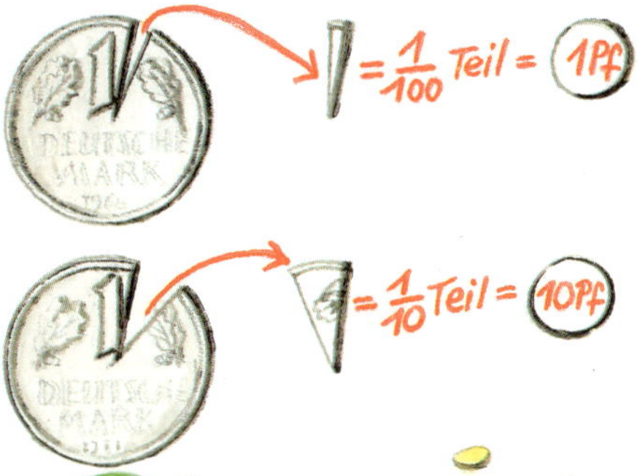

$$1\ \text{Pf} = \frac{1}{100}\ \text{DM} = 0{,}01\ \text{DM}$$

$$10\ \text{Pf} = \frac{10}{100}\ \text{DM} = \frac{1}{10} = 0{,}1\ \text{DM}$$

Will man Pfennigangaben in DM-Angaben umrechnen, so ist das Komma um zwei Stellen nach links zu rücken.
Umgekehrt wandelt man DM-Angaben in Pfennigangaben um, indem man das Komma zwei Stellen nach rechts rückt.

735 Pf = 7,35 DM   88,9 Pf = 0,889 DM
2,34 DM = 234 Pf

Überlege, wo dir im Alltag schon einmal Angaben in zehntel Pfennig (wie z. B. 88,9 Pf) begegnet sind.
Es gibt Währungen (z. B. die englische), bei denen die Umwandlungszahl weder 10 noch 100 ist. Sie sind sehr umständlich (waren aber früher auch bei uns üblich).

Währungen

Musteraufgaben

Aufgabe 1: Gib die folgenden Geldbeträge in DM und Pf an:
3,78 DM; 211,03 DM; 0,79 DM; 3,4 DM; 3,04 DM; 0,05 DM; 2 000,35 DM; $\frac{1}{2}$ DM; $\frac{1}{4}$ DM; 7,04 DM; 29 533 Pf; 660 760 Pf.
Schreibe anschließend alle Beträge in Pf.

Aufgabe 2: Gib die folgenden Geldbeträge in Kommaschreibweise an:
3 DM; 7 Pf; 70 Pf; 700 Pf; 12 DM 23 Pf; $\frac{1}{2}$ DM; $\frac{3}{5}$ DM; 540 DM 90 Pf; 9 DM 65 Pf; 6 730 DM 5 Pf.

Aufgabe 3: Ordne die folgenden Geldbeträge der Größe nach:
a) 235,5 Pf; 2,40 DM; 2,04 DM; 2,335 DM; 236 Pf.

b) 49,5 Pf; $\frac{1}{2}$ DM; 0,515 DM; $\frac{3}{5}$ DM; 56 Pf.

Aufgabe 4: Addiere die folgenden Geldbeträge:
a) 7 Pf; 0,77 DM; 235,32 DM; 12 370 Pf; 3,23 DM.
b) 0,03 DM; 7,45 DM; 20 Pf; 5 500 Pf; 11,03 DM.

c) $\frac{1}{2}$ DM; 10 Pf; $\frac{4}{5}$ DM; 4 200 DM; 161 000 Pf.

Währungen

Lösungen der Musteraufgaben

Aufgabe 1: 3,78 DM = 3 DM 78 Pf = 378 Pf; 211,03 DM = 211 DM 3 Pf = 21 103 Pf; 0,79 DM = 0 DM 79 Pf = 79 Pf; 3,4 DM = 3 DM 40 Pf = 340 Pf; 3,04 DM = 3 DM 4 Pf = 304 Pf; 0,05 DM = 0 DM 5 Pf = 5 Pf; 2 000,35 DM = 2 000 DM 35 Pf = 200 035 Pf; $\frac{1}{2}$ DM = 0 DM 50 Pf = 50 Pf; $\frac{1}{4}$ DM = 0 DM 25 Pf = 25 Pf; 7,04 DM = 7 DM 4 Pf = 704 Pf; 29 533 Pf = 295 DM 33 Pf = 295,33 DM; 660 760 Pf = 6 607 DM 60 Pf = 6 607,60 DM.

Aufgabe 2: 3 DM = 3,00 DM; 7 Pf = 0,07 DM (Komma zwei nach links); 70 Pf = 0,70 DM; 700 Pf = 7,00 DM; 12 DM 23 Pf = 12,23 DM; $\frac{1}{2}$ DM = 0,50 DM; $\frac{3}{5}$ DM = 0,60 DM; 540 DM 90 Pf = 540,90 DM; 9 DM 65 Pf = 9,65 DM; 6 730 DM 5 Pf = 6 730,05 DM.

Aufgabe 3: Um ordnen zu können, empfiehlt es sich, alle Größen in ein- und derselben Maßeinheit auszudrücken. Wir nehmen DM und verwenden die Kommaschreibweise. Willst du das vermeiden, so kannst du auch alle Größen in Pf umwandeln.

a) 235,5 Pf = 2,355 DM; 2,40 DM; 2,04 DM; 2,335 DM; 236 Pf = 2,36 DM.
2,04 DM < 2,335 DM < 2,355 DM < 2,36 DM < 2,40 DM

b) 49,5 Pf = 0,495 DM; $\frac{1}{2}$ DM = 0,50 DM; 0,515 DM; $\frac{3}{5}$ DM = 0,60 DM; 56 Pf = 0,56 DM
0,495 DM < 0,50 DM < 0,515 DM < 0,56 DM < 0,60 DM

Aufgabe 4:

a)	b)	c)
0,07 DM	0,03 DM	0,50 DM
+ 0,77 DM	+ 7,45 DM	+ 0,10 DM
+ 235,32 DM	+ 0,20 DM	+ 0,80 DM
+ 123,70 DM	+ 55,00 DM	+ 4 200,00 DM
+ 3,23 DM	+ 11,03 DM	+ 1 610,00 DM
363,09 DM	73,71 DM	5 811,40 DM

Währungen

Aufgaben zum selbständigen Lösen

Aufgabe 1: Gib die folgenden Beträge in DM an. Verwende die Kommaschreibweise:
10 DM 20 Pf; 75 Pf; 7 Pf; 2 DM 35 Pf; 17 DM 3 Pf; 1 000 DM 50 Pf; 90 Pf; 9 DM 98 Pf.

Aufgabe 2: Es ist 7,65 DM = 7 DM 65 Pf. Verfahre ebenso:
105,75 DM; 0,66 DM; 0,03 DM; 95,88 DM; 17,25 DM; 200,03 DM; 67,85 DM; 0,09 DM.

Aufgabe 3: Addiere die folgenden Geldbeträge:
a) 27,50 DM, 20 Pf, 3 DM 50 Pf, 0,05 DM und 125,50 DM.
b) 4 DM 5 Pf, 19,30 DM, 75 Pf, 200,06 DM und 11 DM 9 Pf.
c) $\frac{1}{2}$ DM, 60 Pf, $\frac{3}{5}$ DM, $\frac{1}{10}$ DM und 45 DM 70 Pf.

Aufgabe 4: Schreibe mit einem Bruch als Maßzahl:
50 Pf; 25 Pf; 75 Pf; 0,6 DM; 0,80 DM; 0,125 DM; 0,625 DM.

Aufgabe 5: Schreibe die Maßzahl mit Komma. Wandle dann in Pfennig um:

$\frac{1}{4}$ DM; $\frac{1}{2}$ DM; $\frac{2}{5}$ DM; $\frac{7}{8}$ DM; $\frac{3}{8}$ DM;

$\frac{4}{5}$ DM; $\frac{1}{10}$ DM; $\frac{1}{100}$ DM.

Währungen

Ausländische Währungen und Wechselkurse

Jedes Land hat seine eigene Währung. Hier findest du einige Länder mit ihren Währungen:

Frankreich	1 Franc (1 FF)	= 100 Centimes
Schweiz	1 Franken (sfr)	= 100 Rappen
Österreich	1 Schilling (1 ÖS)	= 100 Groschen
Italien	1 Lira (1 Lit)	= 100 Centesimi
Spanien	1 Peseta (1 Pta)	= 100 Centimos
USA	1 Dollar (1 $)	= 100 Cents
Niederlande	1 Gulden (1 hfl)	= 100 Cents

Alle diese Währungen beruhen auf der Umwandlungszahl **100.**
Ende 1986 galten z. B. folgende Umrechnungskurse:

Land	Spalte 1		Spalte 2
Frankreich	1 FF	= 0,32 DM	1 DM = 3,13 FF
Schweiz	1 sfr	= 1,18 DM	1 DM = 0,85 sfr
Österreich	1 ÖS	= 0,14 DM	1 DM = 7,14 ÖS
Italien	1 000 Lit	= 1,60 DM	1 DM = 625 Lit
Spanien	100 Pta	= 1,80 DM	1 DM = 55 Pta
USA	1 $	= 2,02 DM	1 DM = 0,50 $
Niederlande	1 hfl	= 0,88 DM	1 DM = 1,14 hfl

Die Beträge sind auf zwei Stellen hinter dem Komma gerundet.

Monsieur Dupont aus Metz möchte in Saarbrücken einkaufen. Er geht zu seiner Bank und wechselt 1 000 FF. Dafür erhält er:

$1\,000 \cdot 0{,}32\ \text{DM} = 320\ \text{DM}.$

Währungen

Farmer Miller aus Kalifornien möchte Heidelberg besuchen. Er tauscht 5 000 $ ein. Dafür bekommt er

$5\,000 \cdot 2{,}02$ DM $= 10\,100$ DM.

Herr Schätzle aus Lörrach möchte in Basel einen Stadtbummel machen. Er wechselt 100 DM und bekommt

$100 \cdot 0{,}85$ sfr $= 85$ sfr.

Herr Tegtmeier aus Aachen will in Maastricht ausgehen. Er tauscht 150 DM an der Grenze und erhält

$150 \cdot 1{,}14$ hfl $= 171$ hfl.

Musteraufgaben

Aufgabe 1: Wieviel sind 50 DM in den folgenden Währungen wert:
sfr; hfl; $; ÖS; Pta?

Aufgabe 2: Wieviel sind die angegebenen Beträge in DM wert:
200 FF; 200 sfr; 20 $; 20 000 Lit; 2 000 Pta?

Aufgabe 3: Wandle in DM um:
500 FF; 1 000 ÖS; 5 $; 60 000 Lit; 750 FF; 170 sfr; 110 Pta; 342 hfl; 336 ÖS; 939 FF.

Aufgabe 4: Errechne den Gegenwert der folgenden DM-Beträge in den angegebenen Währungen:
101 DM ($); 3 600 DM (Pta); 42 DM (ÖS); 236 DM (sfr); 1 760 DM (hfl); 500 DM (Lit).

Lösungen der Musteraufgaben

Aufgabe 1: In der 2. Spalte der Tabelle findest du 1 DM = 0,85 sfr. Also sind 100 DM = $0{,}85 \cdot 100 = 85$ sfr und demnach 50 DM die Hälfte von 85 sfr, also 42,50 sfr.
Andere Möglichkeit: Rechne $0{,}85$ sfr $\cdot\, 50 = 42{,}50$ sfr (du ersparst dir dann den Umweg über die 100 DM).

Währungen

100 DM = 114 hfl, also 50 DM = 57 hfl; 50 DM = 25 $; 50 DM = 357 ÖS; 50 DM = 2 750 Pta.

Aufgabe 2: Hier mußt du die erste Spalte der Tabelle benutzen. Dort findest du: 1 FF = 0,32 DM, also sind 200 FF = 200 · 0,32 DM = 64,00 DM (im Kopf rechnest du so: 100 FF = 32 DM, also sind 200 FF genau das Doppelte, nämlich 64 DM). 200 sfr = 200 · 1,18 DM = 236,00 DM; 20 $ = 20 · 2,02 DM = 40,40 DM; 20 000 Lit = 20 · 1 000 Lit = 20 · 1,60 DM = 32,00 DM (du mußt beachten, daß in der Tabelle der Gegenwert von 1 000 Lit angegeben ist). Ähnliches gilt für Pta: 2 000 Pta = 20 · 100 Pta = 20 · 1,80 DM = 36 DM.

Aufgabe 3: Es geht wieder um die Umwandlung ausländischer Währung in deutsche. Also mußt du wieder Spalte 1 benutzen. 500 FF = 500 · 0,32 DM = 160 DM; 1 000 ÖS = 1 000 · 0,14 DM = 140 DM; 5 $ = 5 · 2,02 DM = 10,10 DM; 60 000 Lit = 60 · 1,60 DM = 9,60 DM; 750 FF = 750 · 0,32 DM = 240 DM. Genauso kannst du auch 170 sfr umrechnen: 170 sfr = 170 · 1,18 DM = 200,60 DM! Hier lohnt sich ein genauer Blick in Tabelle 2: 1 DM = 0,85 sfr, also sind 100 DM = 85 sfr und damit 200 DM = 170 sfr! Die Differenz zwischen den Ergebnissen, die 0,60 DM = 60 Pf beträgt, erklärt sich aus Rundungsfehlern. Genauso findest du mit Hilfe von Tabelle 2: 110 Pta = 2 DM; 342 hfl = 300 DM; 337 ÖS = 50 DM; 939 FF = 300 DM.

Aufgabe 4: Benütze Spalte 1! Es ist 1 $ = 2,02 DM, also 100 $ = 202 DM und somit (nimm auf beiden Seiten die Hälfte) 50 $ = 101 DM. Es sind 100 Pta = 1,80 DM, also 1 000 Pta = 18 DM. 3 600 = 200 · 18, also muß gelten: 3 600 DM = 200 · 1 000 Pta = 200 000 Pta. 42 DM = 300 ÖS; 236 DM = 200 sfr; 1 760 DM = 2 000 hfl. Bei glatten Zahlen versagt dieses Verfahren meist. Hier mußt du wieder ganz „normal“ rechnen (was man in den vorangegangenen Fällen auch hätte tun können): nach Spalte 2 ist 1 DM = 625 Lit, also 500 DM = 500 · 625 Lit = 312 500 Lit.

Währungen

Aufgaben zum selbständigen Lösen

Aufgabe 1: Wieviel sind 300 DM in den folgenden Landeswährungen wert:
$, FF, hfl, ÖS, sfr, Lit, Pta?

Aufgabe 2: Wieviel DM sind die folgenden Beträge in ausländischer Währung wert:
150 $: 714 ÖS; 50 FF; 342 hfl; 1 000 Pta; 10 000 Lit; 85 sfr; 626 FF; 100 ÖS; 2 $?

Aufgabe 3: Verwandle den angegebenen Betrag in die in Klammern genannte Währung:
200 DM (Lit); 4,04 DM ($); 1 000 DM (Pta); 64 DM (FF); 10 DM (sfr); 400 DM (sfr); 84 DM (ÖS); 300 DM (hfl); 1 600 DM (Lit); 808 DM ($).

Textaufgaben

Aufgabe 1: Hans bekommt von seinem Vater einen 10-DM-Schein. Er soll dafür auf der Post etwa gleichviel 60er- und 80er- Briefmarken kaufen. Wie viele Briefmarken erhält er für diesen Betrag?

Aufgabe 2: Familie Tannenbusch kauft sich eine neue Waschmaschine für 1 640 DM. Sie zahlt 1 240 DM an; der Rest wird auf 8 Monatsraten verteilt.
a) Wie hoch ist die zu zahlende Rate im Monat?
b) Familie Tannenbusch hat nach Zahlung von zwei Raten Glück. Sie erzielt einen Vierer im Lotto und erhält hierfür 180 DM. Diesen Gewinn zahlt sie ab. Wie hoch sind dann noch die verbleibenden 6 Monatsraten?

Währungen

Aufgabe 3: Ein Kegelklub mit 7 Mitgliedern möchte eine Ausflugsfahrt nach Heidelberg unternehmen. Ein Busunternehmer bietet ihm die Fahrt für 285,60 DM an. In die Kegelkasse zahlte jedes Mitglied pro Woche 90 Pf ein. Es wurde während 42 Wochen gekegelt. Welchen Beitrag muß jedes Mitglied noch zusätzlich erbringen, damit die Reise bezahlt werden kann?

Aufgabe 4: Herr Jansen kauft vor seinem Rückflug von New York nach Stuttgart noch Mitbringsel. Er hat noch einen 50 DM-Schein in der Brieftasche. Für seine Frau möchte er eine Flasche Parfüm zu 14,50 \$, für seine beiden Kinder je eine große Portion Popcorn (2,50 \$) kaufen. Seinem Vater möchte er eine Flasche Whisky (8,50 \$) mitbringen. Reicht sein Geld dafür aus?

Aufgabe 5: Frau Schwarz geht in Basel essen. Sie muß 21 sfr zahlen, hat aber nur 30 DM bei sich. Die Bedienung bietet ihr an: „Nehmen Sie noch einen Kaffee (für 2,50 sfr) und ein Stück Kuchen (für 2 sfr), dann sind wir quitt!“ Ist das fair?

Aufgabe 6: Herr Lafontaine möchte in Frankreich einkaufen. Er geht zuhause in Mannheim zur Bank und möchte für 100 DM französische Franken eintauschen. Die Bank hat aber kein französisches Münzgeld, sondern nur 20, 50, 100 und 200 FF-Scheine vorrätig. Welche Summe unter 100 DM kann Herr Lafontaine unter diesen Umständen eintauschen?

Vermischte Aufgaben

Aufgabe 1: Nenne die Umwandlungszahl, die jeweils zu dem genannten Maßsystem gehört!
a) Flächenmaße; b) Gewichtsmaße; c) Längenmaße; d) Zeitmaße; e) Währung

Aufgabe 2: Nenne die wichtigsten Maßeinheiten der
a) Flächenmaße; b) Gewichtsmaße; c) Längenmaße; d) Zeitmaße; e) Währung

Aufgabe 3: Wie ist das Komma zu verschieben, wenn man
a) von a zu ha; b) von g zu mg; c) von dm zu m; d) von Pf zu DM; e) von m^2 zu cm^2 übergeht?

Aufgabe 4 : Verwandle in die in Klammern angegebene Einheit:
170 cm (dm); 12 000 kg (t); 180 s (min); 200 a (ha); 3 km (cm); 99 kg (g); 7 m (mm); 2 000 000 mg (kg); 240 min (h); 300 Pf (DM); 11 dam (dm); 3 h (s); 15 ha (m^2); 7 min (s); 5 d (h); 6 DM (Pf); 720 min (h); 96 h (d); 50 000 000 g (t); 911 000 m^2 (a).

Aufgabe 5: Verwandle (falls erforderlich unter Verwendung der Kommaschreibweise) in die in Klammern angegebene Einheit:
20 cm (m); 120 s (min); 350 Pf (DM); 12,5 m^2 (dm^2); 1,225 ha (a); 90 g (kg); 1,3755 t (kg); 6 min (s); 3,1 km (m); 66 Pf (DM); 9 a (km^2); 85,5 kg (mg); 8 Pf (DM); 27,50 DM (Pf); 3,333 dam (dm); 3,333 dm (dam); 7 d (h); 2 d (min); 6 dm (km); 900,802 ha (km^2); 1 440 s (min).

Aufgabe 6: Schreibe die Maßzahl mit Komma! Verwandle anschließend in die nächstkleinere Maßeinheit:

$$\frac{1}{4}\text{ ha};\ \frac{1}{2}\text{ kg};\ \frac{1}{1000}\text{ g};\ \frac{5}{1000}\text{ kg};$$

$$\frac{1}{8}\text{ m};\ \frac{7}{8}\text{ DM};\ \frac{9}{10}\text{ ha};\ \frac{3}{4}\text{ km};\ \frac{2}{5}\text{ a}.$$

Aufgabe 7: Schreibe die Maßzahl als Bruch, und wandle dann in die nächstkleinere Maßeinheit um:
0,1 km; 0,001 kg; 0,25 m^2; 0,6 cm; 0,375 DM; 0,01 a; 0,9 m^2; 0,5 g; 0,005 t.

Vermischte Aufgaben

Aufgabe 8: Welche der folgenden Umwandlungen sind unmöglich? Führe die möglichen Umwandlungen durch:
12,7 g (kg); 112 m (km); 18 a (s); 3 075,125 g (mg); 420 s (min); 3 t (km); 3 t (min); 300 Pf (DM); 75 h (ha); 2 d (m); 500 Pf (kg); 40,25 m (mm); $\frac{1}{2}$ h (min); 3 d (kg); 675,2 kg (g); 525 m (m^2); 525 m^2 (m); 20 DM ($); 99,5 cm ($mm^2$); 15 min (h).

Aufgabe 9: Es ist 3 t 200 kg = 3,200 t = 3 200 kg. Verfahre ebenso:
5 t 375 kg; 65 dam 5 m; 3 kg 20 g; 7 ha 3 a; 99 km 800 m; 2 cm 1 mm; 5 t 35 kg; 2 a 35 dm^2; 3 km 2 hm 1 dam; 900 g 500 mg; 900 g 5 mg; 5 DM 3 Pf.

Aufgabe 10: Es ist 5,35 = 5 m 3 dm 5 cm. Verfahre ebenso:
3,275 t; 12,853 km; 7,333 4 kg; 12,234 ha; 5,07 DM; 919,3 cm; 57,000 5 m^2; 6,9001 t; 2,02 dm.

Aufgabe 11: Welches Angebot ist günstiger:
a) 1 kg Kaffee zu 1 220 Pf oder 1 250 g Kaffee zu 13,50 DM;

b) $\frac{1}{4}$ kg Wurst zu 600 Pf oder 400 g Wurst zu 9 DM;

c) 100 g Schokolade zu 120 Pf oder $\frac{1}{8}$ kg Schokolade zu 2 DM?

Aufgabe 12: Welches Angebot ist günstiger?
a) 2 Wochen Ferien für 2 800 DM oder 15 Tage für 2 900 DM;
b) 3 Wochen Ferien für 2 200 DM oder 20 Tage für 2 000 DM?

Lösungen

Längenmaße

Seite 22

Aufgabe 1: 2 300 m; 239 cm; 71 mm; 63 hm; 9 109 cm; 403 m; 203 mm; 933 m.

Aufgabe 2: 1 km 2 hm 5 dam; 7 dam 7 m 8 dm; 21 km 2 hm; 9 dm 9 cm; 1 km 1 dam; 12 km; 6 dam 9 m; 2 cm 2 mm; 7 m 1 dm 2 cm; 33 289 km.

Aufgabe 3: 5 dm; 70 dam; 7 hm; 9 km; 62 cm; 33 m; 22 dm; 9 km; 230 cm; 2 000 dm; 700 000 m = 700 km.

Aufgabe 4: 10 dm; 220 mm; 35 mm; 1 100 hm; 220 cm; 1 070 m; 5 dm; 2 500 cm; 720 mm; 2 dm.

Aufgabe 5: 5 km; 24 dam; 77 dam; 10 km, 2 km; 6 cm; 909 dam; 7 km.

Aufgabe 6: a) 11 m; 2 000 m; 75 m; 660 m; 20 100 m – Reihenfolge:
11 m < 75 m < 660 m < 2 000 m < 20 100 m.
b) 7 mm; 9 000 mm; 10 000 mm; 220 000 mm; 750 000 mm – Reihenfolge:
7 mm < 9 000 mm < 10 000 mm < 220 000 mm < 750 000 mm.

Aufgabe 7:

7 cm entsprechen in Wirklichkeit 70 km.

3 cm 5 mm entsprechen in Wirklichkeit 35 km.

90 mm entsprechen in Wirklichkeit 90 km.

1 dm entspricht in Wirklichkeit 100 km.

65 mm entsprechen in Wirklichkeit 65 km.

2 cm entsprechen in Wirklichkeit 20 km.

1 dm 1 cm entsprechen in Wirklichkeit 110 km

2 cm 9 mm entsprechen in Wirklichkeit 29 km.

Aufgabe 8:

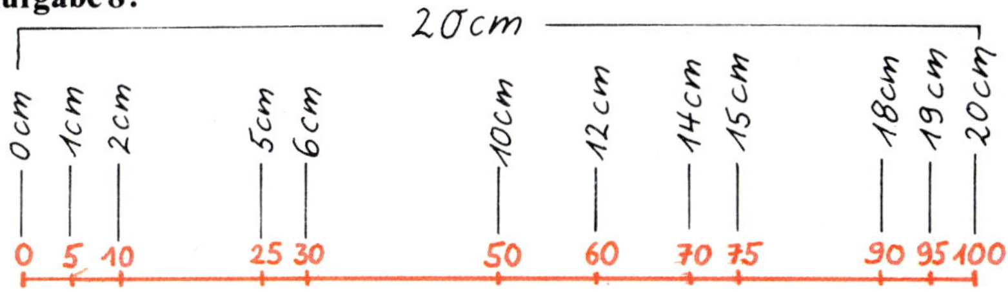

Aufgabe 9: a) Ein Streichholz ist etwa 40 mm lang. Also braucht man 3 Streichhölzer.
b) Ein DIN-A-4-Heft ist 297 mm lang und 210 mm breit. Man benötigt 34 Hefte.

Aufgabe 10:	Entfernung im Lageplan	Entfernung in der Wirklichkeit
AM	18 mm	18 km
MN	31 mm	31 km
NE	50 mm	50 km
AO	37 mm	37 km
AP	45 mm	45 km
PE	52 mm	52 km
NO	15 mm	15 km
OP	17 mm	17 km

Der Weg AMNE ist 18 mm + 31 mm + 50 mm = 99 mm lang, der Weg AONE ist 37 mm + 15 mm + 50 mm = 102 mm lang, der Weg AOPE ist 37 mm + 17 mm + 52 mm = 106 mm lang und der Weg APE schließlich ist 45 mm + 52 mm = 97 mm lang. Dieser ist also der kürzeste Weg von A nach E.

Lösungen

Seite 28

Aufgabe 1: 7,025 dam; 4 cm; 22,575 dm; 0,005 m; 0,025 dam; 0,02 dm; 0,05 hm; 2,07 km; 9,811 hm; 190 km.

Aufgabe 2: 70,1 mm; 6 902,5 m; 930 hm; 2 001,2 mm; 1 dm; 8 hm; 20,3 hm; 409,3 dm; 87,65 dm; 90 cm.

Aufgabe 3: 0,69 m; 1 200 cm; 0,9 dam; 2,3 m; 5 200 cm; 0,95 km; 665 250 m; 0,875 15 hm; 40 440 m; 0,0005 dam.

Aufgabe 4: 5,2 m; 7,3 dam; 1,905 km; 10,3 cm; 9,05 dm; 60,75 m; 8,59 dm; 3,007 km.

Aufgabe 5: 18 km 2 hm 5 dam; 9 m 1 dm 5 mm; 7 hm 7 m; 6 dam 1 m; 5 dm 7 mm; 200 cm 3 mm; 10 m 5 cm; 5 cm.

Aufgabe 6: a) 0,7 km; 7,1 km; 0,699 9 km; 0,5 km; 7,100 025 km – Reihenfolge: 0,5 km < 0,699 9 km < 0,7 km < 7,1 km < 7,100 025 km.
b) 0,25 km; 0,250 2 km; 2,61 km; 0,259 9 km; 2,62 km – Reihenfolge: 0,25 km < 0,250 2 km < 0,259 9 km < 2,61 km < 2,62 km.

Seite 29

Aufgabe 1: Entfernung Karlsruhe–Mannheim 60 km
Entfernung Karlsruhe–Frankfurt 135 km
Entfernung Mannheim–Frankfurt 75 km

Aufgabe 2: Angenommen, am Anfang und am Ende der Straße steht eine Lampe. Dann ist die Straße genau

$44 \cdot 80\ \text{m} = 3\,520\ \text{m} = 3{,}52\ \text{km}$ lang.

Andernfalls ist sie länger.

Aufgabe 3: In die Länge (3,2 m) passen 8 Plättchen zu 40 cm, in die Breite (2,8 m) 7. Also braucht man für eine Reihe um das ganze Badezimmer $8+7+8+7 = 30$ Plättchen.
Sollen 5 Reihen übereinanderkommen, so benötigt man $5 \cdot 30 = 150$ Plättchen.
Durch die Tür spart man bestenfalls in jeder Reihe 2 Plättchen, also insgesamt $5 \cdot 2 = 10$. Man braucht dann noch 140 Plättchen.

Lösungen

Aufgabe 4: Von Homburg nach Saarbrücken sind es 17,4 km + 15,2 km = 32,6 km.

Aufgabe 5:

	88 743 km	Endstand des Kilometerzählers: 89 183 km.
+	112 km	
+	17 km	
+	42 km	
+	230 km	
+	39 km	
	89 183 km	

Aufgabe 6: $14 \cdot 60$ cm = 840 cm = 8,40 m. Also kann man 14 Bezüge schneiden, 20 cm Stoff bleiben übrig.

Aufgabe 7: Der Hund holt pro Sprung 90 cm − 70 cm = 20 cm auf. 150 m = 15 000 cm, 20 cm passen in 15 000 cm 750mal hinein. Also ist der Hase nach 750 Sprüngen eingeholt.

Aufgabe 8: Bernhard braucht $4 \cdot 12$ cm = 48 cm, $4 \cdot 8$ cm = 32 cm und $4 \cdot 10$ cm = 40 cm Draht. Insgesamt macht das 120 cm Draht.

Flächenmaße

Seite 35

Aufgabe 1: 1 200 a; 7 600 km^2; 9 100 dm^2; 1 100 mm^2; 7 700 m^2; 300 ha; 67 300 cm^2; 103 400 mm^2; 40 500 a; 11 500 m^2.

Aufgabe 2: 10 100 mm^2; 1 200 cm^2; 120 dm^2; 55 ha; 7 km^2; 12 000 000 m^2; 909 000 000 dm^2; 880 000 dm^2.

Aufgabe 3: 7 a; 3 m^2; 8 m^2; 35 ha; 550 m^2.

Aufgabe 4: 120 700 m^2; 705 dm^2; 8 km^2; 35 517 a; 1 299 mm^2; 8 901 700 cm^2; 17 m^2; 10 005 cm^2; 425 m^2; 31 050 000 mm^2.

Aufgabe 5: 73 a; 730 000 dm^2; 2 ha; 20 000 m^2; 550 a; 5 500 000 dm^2; 12 cm^2; 1 200 mm^2; 23 km^2; 2 300 ha; 44 km^2; 440 000 a; 680 ha; 680 000 m^2; 12 a; 120 000 dm^2; 900 m^2; 9 000 000 cm^2; 3 km^2; 30 000 a.

Aufgabe 6:

In 5 Zentimeterkästchen passen 500 Millimeterkästchen.
In 20 Zentimeterkästchen passen 2 000 Millimeterkästchen.
In 99 Zentimeterkästchen passen 9 900 Millimeterkästchen.
In 150 Zentimeterkästchen passen 15 000 Millimeterkästchen.

Lösungen

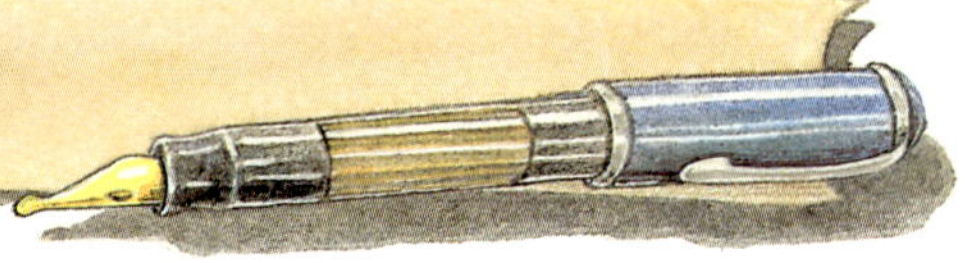

Seite 41

Aufgabe 1: 2,202 5 a; 0,073 ha; 0,000 5 m^2; 20 km^2; 19 cm^2; 0,007 5 a; 0,007 5 ha; 0,001 25 km^2.

Aufgabe 2: 60 mm^2; 6 mm^2; 725 dm^2; 100 000 ha; 1 250 a; 42 300,1 m^2; 10 a; 1 m^2; 60 m^2; 87,5 cm^2.

Aufgabe 3: 0,000 06 m^2; 0,007 25 km^2; 120 000 m^2; 9 500 cm^2; 0,173 ha; 200 mm^2; 0,001 25 km^2; 12,5 m^2; 1 000 mm^2; 6 000 cm^2.

Aufgabe 4: $\frac{3}{5}$ cm^2; $\frac{3}{5}$ dm^2; $\frac{1}{100}$ a; $\frac{5}{8}$ km^2; $\frac{1}{2}$ mm^2; $\frac{9}{10}$ m^2; $\frac{1}{4}$ ha; $\frac{3}{10}$ a.

Aufgabe 5: 47,03 m^2 = 4 703 dm^2; 112,27 ha = 11 227 a; 90,05 dm^2 = 9 005 cm^2; 17,1 cm^2 = 1 710 mm^2; 1,0005 m^2 = 100,05 dm^2 = 10 005 cm^2; 60,5005 a = 6 050,05 m^2 = 605 005 dm^2.

Seite 42

Aufgabe 1: Die gesuchten Kantenlängen des Quadrates sind: 2 m; 4 cm; 50 m = 5 dam; 10 km; 300 m = 3 hm; 1 mm.

Aufgabe 2: Die fehlende Seite ist 8 m; 40 cm; 1 000 m; 3 km; 5 hm; 12 m lang.

Aufgabe 3:
a) Der Flächeninhalt verdoppelt sich.
b) Der Flächeninhalt vervierfacht sich.
c) Der Flächeninhalt bleibt unverändert.

Aufgabe 4:

36,60 m^2	falls man die	36,60 m^2
+ 12,75 m^2	Kinderzimmer und den	+ 12,75 m^2
+ 16,00 m^2	Flur nur halb rechnet,	+ 16,00 m^2
+ 14,60 m^2	erhält man:	+ 7,30 m^2
+ 14,60 m^2		+ 7,30 m^2
+ 9,00 m^2		+ 4,50 m^2
103,55 m^2		84,45 m^2

Lösungen

Aufgabe 5: Ein Einlegeboden hat die Fläche von 80 cm · 30 cm = 2 400 cm^2. 1 m^2 = 100 dm^2 = 10 000 cm^2. Da 4 · 2 400 cm^2 = 9 600 cm^2 ergibt, genügen 4 Böden nicht. Frau Meier muß also 5 Böden kaufen.

Aufgabe 6: Am einfachsten ist es, den Weg wie untenstehend aufzuteilen. Wir erhalten die Fläche

$$2\text{ m} \cdot 21\text{ m} + 2\text{ m} \cdot 22\text{ m} + 2\text{ m} \cdot 21\text{ m} + 2\text{ m} \cdot 22\text{ m}$$
$$= 84\text{ m}^2 + 88\text{ m}^2 = 172\text{ m}^2.$$

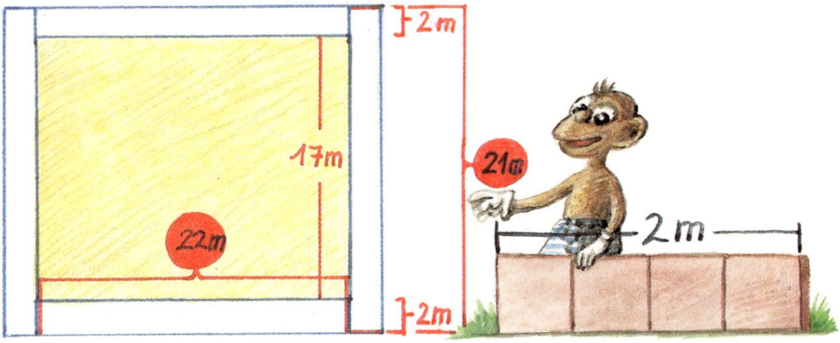

Um eine rechteckige Fläche von 21 m auf 2 m mit Platten auszulegen, braucht man 42 Platten für die Länge und 4 für die Breite, also insgesamt

42 · 4 = 168 Platten.

Um eine rechteckige Fläche von 22 m auf 2 m auszulegen, benötigt man 44 Platten für die Länge und 4 für die Breite, also zusammengerechnet

44 · 4 = 176 Platten.

Jede dieser Flächen kommt im Pfad zweimal vor, so daß man

336 + 352 = 688 Platten benötigt.

Lösungen

Dazu ein *anderer Lösungsweg:*

Frage: „Wie oft paßt der Flächeninhalt einer Platte in den Flächeninhalt des gesamten Weges?“

Flächeninhalt des Weges: 172 m^2
Flächeninhalt einer Platte: 50 cm · 50 cm = 2 500 cm^2

Um rechnen zu können, müssen wir in die gleiche Einheit umwandeln, z. B. 2 500 cm^2 = 0,25 m^2.
Jetzt rechnen wir: 172 m^2 : 0,25 m^2 = 688 Platten.

Aufgabe 7: Die Seitenwände haben die Abmessungen 4,5 m auf 2 m, also den Flächeninhalt 4,5 m · 2 m = 9 m^2. Beide zusammen sind 18 m^2 groß.
Das Dach ist 4,5 m · 2,5 m = 11,25 m^2 groß, die Rückwand der Garage ist 2 m · 2,5 m = 5 m^2 groß.
Die Vorderwand ist ebenfalls 5 m^2 groß. Hiervon muß aber die Fläche des Garagentores 200 cm · 180 cm = 36 000 cm^2 = 3,6 m^2 abgezogen werden. Also sind auf der Vorderwand nur 5 m^2 – 3,6 m^2 = 1,4 m^2 zu streichen.
Insgesamt beträgt die zu streichende Fläche 18 m^2 + 11,25 m^2 + 5 m^2 + 1,4 m^2 = 35,65 m^2.

Aufgabe 8: Fläche eines Beetes: 400 cm · 125 cm = 50 000 cm^2 = 5 m^2.
Gesamtfläche aller Beete: 12 · 5 m^2 = 60 m^2.
Der Dünger reicht aber nicht aus! Gärtner Rosenzweig müßte 10 Packungen haben.

Aufgabe 9: Der Würfel hat sechs gleichgroße Quadrate als Begrenzungsflächen. Jedes Quadrat hat den Flächeninhalt 6 cm · 6 cm = 36 cm^2.
Also beträgt die Oberfläche des Würfels 6 · 36 cm^2 = 216 cm^2.

Lösungen

Gewichtsmaße

Seite 47

Aufgabe 1: 17 000 kg; 200 000 g; 1 335 000 mg; 26 000 kg; 360 000 mg; 125 000 g; 800 000 kg; 790 000 mg.

Aufgabe 2: 510 kg; 2 g; 25 000 t; 100 t; 90 g; 7 000 t; 66 kg; 2 000 000 g.

Aufgabe 3: 7 kg; 12 000 kg; 8 kg; 5 t; 500 t; 66 kg; 9 t; 44 000 000 mg; 12 000 mg; 86 000 000 g; 65 g.

Aufgabe 4: 5 kg; 7 t; 9 t; 600 g; 40 t; 24 kg; 6 t; 82 t.

Aufgabe 5: 10 000 000 mg; 99 000 000 mg; 8 000 000 mg; 101 000 000 mg – Reihenfolge:
8 000 000 mg < 10 000 000 mg < 99 000 000 mg < 101 000 000 mg.

Aufgabe 6: „Ungefähr" wird in der Mathematik durch „≈" ausgedrückt. Es ist 998 g ≈ 1 kg; 1 002 g ≈ 1 kg; 997 000 mg = 997 g ≈ 1 kg; 1 000 004 mg ≈ 1 kg; 1 001 000 mg = 1 001 g ≈ 1 kg; 1 010 000 mg = 1 010 g ≈ 1 kg.
Überlege: Wo ist der Fehler am größten?

Seite 50

Aufgabe 1: 0,7 kg; 12 300 kg; 9,982 kg; 20 kg; 7,5 kg; 0,066 kg; 8 800 000 kg; 0,6 kg; 0,1 kg; 65 kg.

Aufgabe 2: 2 300 g; 700 g; 70 g; 130 g; 552 g; 773 250 g; 6 875 000 g; 0,4 g; 0,01 g; 0,8 g.

Aufgabe 3: 2 150 000 g; 0,000 007 t; 50 000 g; 3 000 mg; 0,050 5 kg; 0,500 5 kg; 0,000 98 t; 12 553,3 kg; 0,000 9 kg; 88 000 000 mg; 0,808 t; 800 g; 875 mg; 100 000 g; 10 000 g; 5 kg; 500 g.

Aufgabe 4: $\frac{1}{2}$ t; $\frac{1}{100}$ kg; $\frac{1}{1000}$ g; $\frac{5}{8}$ g; $\frac{4}{5}$ mg; $\frac{2}{5}$ t.

Aufgabe 5: 0,25 kg; 0,4 t; 0,75 g; 0,5 mg; 0,6 g; 0,1 kg.

Aufgabe 6: a) 0,8 kg; 0,805 kg; 0,800 7 kg; 0,845 kg; 0,82 kg – Reihenfolge:
0,8 kg < 0,800 7 kg < 0,805 kg < 0,82 kg < 0,845 kg.

b) 125 kg; 130 kg; 129,5 kg; 131 kg; 130 kg – Reihenfolge:
125 kg < 129,5 kg < 130 kg < 131 kg.

Lösungen

Seite 51

Aufgabe 1: Herr Karlssen darf noch 550 kg – 80 kg = 470 kg Bücher mitnehmen. 18 Kisten wiegen 18 · 25 kg = 450 kg, 19 Kisten aber schon 19 · 25 kg = 475 kg. Also darf er nur 18 Kisten befördern.

Aufgabe 2: Bei diesem Wagen dürfen 1,2 t = 1 200 kg – 630 kg = 570 kg zugeladen werden. Hiervon ist das Gewicht des Fahrers (80 kg) abzuziehen. Bleiben also noch 490 kg. Aus Aufgabe 1 weißt du: 19 · 25 kg = 475 kg; 20 · 25 kg = 500 kg. Also kann Herr Karlssen 19 Kisten mitnehmen, weshalb dieser Wagen vorteilhafter ist für ihn.

Aufgabe 3: 3 · 125 g = 375 g; 2 · 1 000 g = 2 000 g; $\frac{1}{2}$ kg = 500 g; 2,5 kg = 2 500 g; 1 500 g.
375 g + 2 000 g + 500 g + 2 500 g + 1 500 g = 6 875 g.

Also muß er 6 875 g = 6,875 kg schleppen.

Aufgabe 4: Eine leere Flasche wiegt den vierten Teil einer vollen Flasche. Wiegt die volle 1 600 g, so wiegt eine leere Flasche 400 g. Wenn man eine leere Flasche wegnimmt, geht die Waagschale mit der vollen Flasche nach unten!

Aufgabe 5:

Zuladung:	4 200 kg – 1 650 kg = 2 550 kg
Gewicht Grizzlybären:	3 · 450 kg = 1 350 kg
Gewicht Eisbären:	2 · 800 kg = 1 600 kg
Gesamtgewicht Tiere:	2 950 kg

Die Bären können nicht transportiert werden. Man muß einen Grizzlybär zurücklassen.

Aufgabe 6: 8 mal $\frac{1}{8}$ kg gibt ein ganzes Kilogramm. Also erhält man 16 Beutel.

Aufgabe 7: a) 20 g von der ersten Schokolade kosten 1,20 DM : 5 = 0,24 DM. Also würden 120 g 6 · 0,24 DM = 1,44 DM kosten. Die zweite Tafel ist somit billiger!
b) 1 kg = 2 · 500 g, weshalb 1 kg der ersten Sorte 2 · 9,98 DM = 19,96 DM kostet. Dieser Kaffee ist also billiger.

Lösungen

Zeitmaße

Seite 57

Aufgabe 1: 1 260 s; 300 s; 7 200 s; 30 s; 15 s; 1 800 s; 8 min; 180 min; 2 880 min; 20 min; 20 min; 720 min; 11 h; 2 h; 120 h; 6 h; 40 h; 16 h.

Aufgabe 2: 180 min; 1 200 s; 120 s; 24 h; 1 020 min; 720 s; 12 min; 30 s; 6 min; 8 h.

Aufgabe 3: 11 min; 13 h; $\frac{1}{2}$ h; $\frac{1}{2}$ d; 17 min; 3 d; $\frac{1}{3}$ d; $\frac{1}{3}$ min.

Aufgabe 4: 1 d 6 h; 5 h; 3 min 20 s; 7 d; 1 h 2 min; 2 min 4 s.

Aufgabe 5: 440 min; 601 min; 74 h; 130 h; 200 s; 610 s.

Seite 62

Aufgabe 1: Die fehlenden Angaben sind: 6 h 14 min, 21 h 57 min, 18.50 Uhr, 4.43 Uhr, 13.41 Uhr und 16.42 Uhr.

Aufgabe 2: Es ist dann 21.07 Uhr; 10.06 Uhr; 0.51 Uhr; 18.51 Uhr; 14.56 Uhr; 11.51 Uhr; 19.20 Uhr und 8.45 Uhr.
Es war 6.43 Uhr; 12.51 Uhr; 18.51 Uhr; 11.19 Uhr; 4.56 Uhr; 9.51 Uhr; 17.09 Uhr und 19.49 Uhr.

Aufgabe 3: Gauß lebte 28 405 d; Einstein 27 776 und Hilbert 29 588 d.

Aufgabe 4: Frühling 92 d; Sommer 94 d; Herbst 90 d und Winter 89 d.

Aufgabe 5: 11.40 Uhr; 14.50 Uhr; 14.32 Uhr; 10.20 Uhr; 22.00 Uhr; 8.00 Uhr.

Seite 63

Aufgabe 1: a) 18.15 Uhr (New York) entspricht 0.15 Uhr (Frankfurt). Also beträgt die Flugzeit 7 h.

b) Die $1\frac{1}{2}$ h Aufenthalt sind von der Reisezeit abzuziehen. Reine Flugzeit $5\frac{1}{2}$ h.

Lösungen

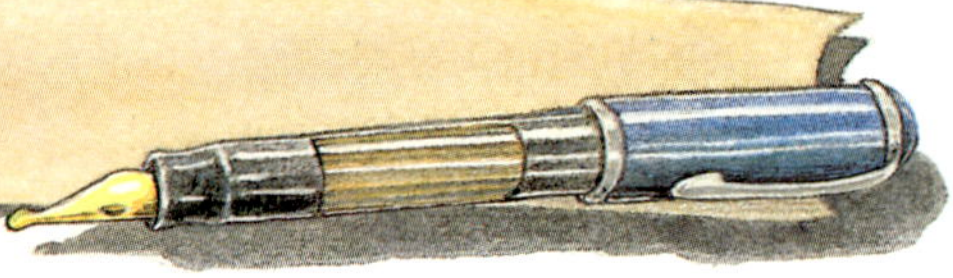

Aufgabe 2:
18.50 Uhr (OEZ) = 17.50 Uhr (MEZ)
14.41 Uhr (MZ) = 12.41 Uhr (MEZ)

Fahrzeit bis Warschau:

3,04 Uhr bis 24.00 Uhr:	20 h 56 min
0.00 Uhr bis 17.50 Uhr:	17 h 50 min
insgesamt:	38 h 46 min

Fahrzeit Warschau/Moskau:

17.50 Uhr bis 24.00 Uhr:	6 h 10 min
0.00 Uhr bis 12.41 Uhr:	12 h 41 min
	18 h 51 min

Von Hannover bis Moskau braucht der Zug 57 h 37 min = 2 d 11 h 37 min.
Der Gegenzug braucht 57 h 29 min. Er ist 8 min schneller.

Aufgabe 3: Das Flugzeug kommt nach Düsseldorfer Zeit um 1.00 Uhr an, also beträgt die Zeitverschiebung 6 h.
Das Flugzeug kommt nach Düsseldorfer Zeit um 20.20 Uhr an, also beträgt die Zeitverschiebung ebenfalls 6 h.

Aufgabe 4: Der IC 615 braucht von Dortmund nach Mainz genau 3 h, der IC 411 3 h 15 min und der IC 515 3 h 5 min.

Aufgabe 5: Die Schulzeit beträgt 265 min = 4 h 25 min. Der Unterricht schließt um 12.35 Uhr.

Aufgabe 6: Du brauchst eine halbe Stunde, also mußt du um 7.30 Uhr losgehen.

Aufgabe 7: Er braucht für eine Runde 351 min : 27 = 13 min.

Aufgabe 8: Gesprächszeit 8 min 33 s = 513 s. Anzahl der Einheiten 513 s : 19 s = 27.

Aufgabe 9: Die Bücherei ist 32 h 30 min geöffnet.

Seite 68

Aufgabe 1:
Geschwindigkeit von Nr. 1 zwischen A und B 140 km/h;
Geschwindigkeit von Nr. 1 zwischen B und C 60 km/h;
Geschwindigkeit von Nr. 2 zwischen A und B 56 km/h;

Geschwindigkeit von Nr. 2 zwischen B und C 120 km/h;
Geschwindigkeit von Nr. 3 zwischen A und B 70 km/h;
Geschwindigkeit von Nr. 3 zwischen B und C 80 km/h.

Aufgabe 2: Da 12 000 genau 32 mal in 384 000 paßt, ist der Flugkörper 32 h unterwegs.

Aufgabe 3: Die erste Hälfte der Strecke ist 18 km lang. Die Meiers brauchen dafür bei 6 km/h 3 h. Die restlichen 18 km legen sie mit 4 km/h zurück. Dafür brauchen sie dann 4 h 30 min. Hinzu kommt eine Pause von 30 min. Gesamtlaufzeit 8 h. Ankunftszeit: 16.00 Uhr.

Aufgabe 4: Lena fährt 15 km mit dem Rad. Bei einer Geschwindigkeit von 30 km/h braucht sie hierfür eine halbe Stunde. Für den Rest benötigt sie ebenfalls eine halbe Stunde, also ist sie insgesamt eine ganze Stunde unterwegs. Sie kommt um 8 Uhr bei der Tante an.

Aufgabe 5: Da eine Geschwindigkeit beschränkt werden soll, müßte es 50 km/h heißen.

Währungen

Seite 74

Aufgabe 1: 10,2 DM; 0,75 DM; 0,07 DM; 2,35 DM; 17.03 DM; 1 000,5 DM; 0,9 DM; 9,98 DM.

Aufgabe 2: 105 DM 75 Pf; 66 Pf; 3 Pf; 95 DM 88 Pf; 17 DM 25 Pf; 200 DM 3 Pf; 67 DM 85 Pf; 9 Pf.

Aufgabe 3:	a)	27,50 DM	b)	4,05 DM	c)	0,50 DM
		+ 0,20 DM		+ 19,30 DM		+ 0,60 DM
		+ 3,50 DM		+ 0,75 DM		+ 0,60 DM
		+ 0,05 DM		+ 200,06 DM		+ 0,10 DM
		+ 125,50 DM		+ 11,09 DM		+ 45m70 DM
		156,75 DM		235,25 DM		47,50 DM

Aufgabe 4: $\frac{1}{2}$ DM; $\frac{1}{4}$ DM; $\frac{3}{4}$ DM; $\frac{3}{5}$ DM; $\frac{4}{5}$ DM;

$\frac{1}{8}$ DM; $\frac{5}{8}$ DM.

Lösungen

Aufgabe 5: 0,25 DM = 25 Pf; 0,5 DM = 50 Pf; 0,4 DM = 40 Pf; 0,875 DM = 87,5 Pf; 0,375 DM = 37,5 Pf; 0,8 DM = 80 Pf; 0,1 DM = 10 Pf; 0,01 DM = 1 Pf.

Seite 78

Aufgabe 1: 150 \$; 939 FF; 342 hfl; 2 142 ÖS; 255 sfr; 187 500 Lit; 16 500 Pta.

Aufgabe 2: 303 DM; 100 DM; 16 DM; 300 DM; 18 DM; 16 DM; 100 DM; 200 DM; 14 DM; 4,04 DM.

Aufgabe 3: 125 000 Lit; 2 \$; 55 000 Pta; 200 FF; 8,5 sfr; 340 sfr; 600 ÖS; 342 hfl; 1 000 000 Lit; 400 \$.

Seite 78 Textaufgaben

Aufgabe 1: Hans kauft 7 Briefmarken von jeder Sorte. Das macht 9,80 DM.

Aufgabe 2: Es sind noch zu zahlen: 1 640 DM – 1 240 DM = 400 DM.
a) 400 DM : 8 = 50 DM beträgt die monatliche Rate.
b) Familie Tannenbusch schuldet nach Abzahlung zweier Raten noch 300 DM. Davon gehen 180 DM ab; verbleiben noch 120 DM Schulden. Die monatliche Rate beträgt nun nur noch 120 DM : 6 = 20 DM.

Aufgabe 3: Jährlich zahlt ein Mitglied 42 · 90 Pf = 3 780 Pf = 37,80 DM.
Alle Mitglieder zusammen zahlen also 7 · 37,80 DM = 264,60 DM.
Der noch zu zahlende Betrag ist somit 285,60 DM
– 264,60 DM
21,00 DM

Dieser muß auf die sieben Mitglieder verteilt werden. Also muß jedes Mitglied noch 3 DM zahlen.

Aufgabe 4: Herr Jansen muß insgesamt 25,50 \$ zahlen. Diese sind aber 51,51 DM wert.

Aufgabe 5: Frau Schwarz hätte mit Kaffee und Kuchen 25,50 sfr zu zahlen. Diese sind 30,09 DM wert. Also ist das Angebot fair!

Lösungen

Aufgabe 6: 300 FF sind 96 DM wert, 10 FF entsprechen 3,20 DM. Für 99,20 DM erhält Herr Schwarz drei Hundertfrancscheine und einen Zehnfrancschein.

Vermischte Aufgaben

Seite 80

Aufgabe 1: a) 100, b) 1 000, c) 10, d) 60 und 24, e) 100.

Aufgabe 2: Schau in den entsprechenden Abschnitten dieses Buches nach.

Aufgabe 3: a) zwei nach links; b) drei nach rechts; c) eins nach links; d) zwei nach links; e) vier nach rechts.

Aufgabe 4: 17 dm; 12 t; 3 min; 2 ha; 300 000 cm; 99 000 g; 7 000 mm; 2 kg; 4 h; 3 DM; 1 100 dm; 10 800 s; 150 000 m^2; 420 s; 120 h; 600 Pf; 12 h; 4 d; 50 t; 9 110 a.

Aufgabe 5: 0,2 m; 2 min; 3,50 DM; 1 250 dm^2; 122,5 a; 0,09 kg; 1 375,5 kg; 360 s; 3 100 m; 0,66 DM; 0,000 9 km^2; 85 500 000 mg; 0,08 DM; 2 750 Pf; 333,3 dm; 0,033 33 dam; 168 h; 2 880 min; 0,000 6 km; 9,008 02 km^2; 24 min.

Aufgabe 6: 0,25 ha = 25 a; 0,5 kg = 500 g; 0,001 g = 1 mg; 0,005 kg = 5 g; 0,125 m = 1,25 dm; 0,875 DM = 87,5 Pf; 0,9 ha = 90 a; 0,75 km = 75 hm (= 750 m); 0,4 a = 40 m^2.

Aufgabe 7: $\frac{1}{10}$ km = 1 hm (= 100 m); $\frac{1}{1000}$ kg = 1 g; $\frac{1}{4}$ m^2 = 25 dm^2;

$\frac{3}{5}$ cm = 6 mm; $\frac{3}{8}$ DM = 37,5 Pf; $\frac{1}{100}$ a = 1 m^2;

$\frac{9}{10}$ m^2 = 90 dm^2; $\frac{1}{2}$ g = 500 mg; $\frac{5}{1000}$ t = 5 kg.

Aufgabe 8: 0,012 7 kg; 0,112 km; unmöglich; 3 075 125 mg; 7 min; unmöglich; unmöglich; 3 DM; unmöglich; unmöglich; unmöglich; 40 250 mm; 30 min; unmöglich; 675 200 g; unmöglich; unmöglich; 10 \$; unmöglich; $\frac{1}{4}$ h.

Lösungen

Aufgabe 9: 5,375 t = 5 375 kg; 65,05 dam = 6 505 m; 3,02 kg = 3 020 g; 7,03 ha = 703 a; 99,8 km = 99 800 m; 2,1 cm = 21 mm; 5,035 t = 5 035 kg; 2,0035 a = 200,35 m^2 = 20 035 dm^2; 3,21 km = 32,1 hm = 321 dam; 900,5 g = 900 500 mg; 900,005 g = 900 005 mg; 5,03 DM = 503 Pf.

Aufgabe 10: 3 t 275 kg; 12 km 853 m = 12 km 8 hm 5 dam 3 m; 7 kg 333 g 400 mg; 12 ha 23 a 40 m^2; 5 DM 7 Pf; 919 cm 3 mm = 9 m 1 dm 9 cm 3 mm; 57 m^2 5 cm^2; 6 t 900 kg 100 g; 2 dm 2 cm.

Aufgabe 11: a) 250 g Kaffee von der ersten Sorte kosten 305 Pf = 3,05 DM, also kosten 1 250 g davon 5 · 3,05 DM = 15,25 DM. Die zweite Sorte ist billiger.
b) 1 000 g Wurst von der ersten Sorte kosten 4 · 600 Pf = 2 400 Pf = 24 DM; 1 000 g von der zweiten kosten 2,5 · 9 DM = 22,50 DM. Diese Sorte ist günstiger.
c) 1 000 g Schokolade der ersten Sorte kosten 10 · 120 Pf = 1 200 Pf = 12 DM. 100 g von der zweiten Sorte kosten 8 · 2 DM = 16 DM. Die erste Sorte ist billiger.

Aufgabe 12: a) Ein Ferientag gemäß dem ersten Angebot kostet 2 800 DM : 14 = 200 DM. Also kosten 15 Tage 2 800 + 200 DM = 3 000 DM. Das andere Angebot ist günstiger.
b) Ein Ferientag gemäß dem zweiten Angebot kostet 2 000 DM : 20 = 100 DM. Also kosten 21 Tage 2 000 + 100 DM = 2 100 DM. Dieses Angeobt ist günstiger als das erste.

Die Bedeutung der häufig auftretenden Vorsilben

Kilo-	bedeutet	Tausend-	(1 Kilometer	= 1 000 Meter)
Hekto-	bedeutet	Hundert-	(1 Hektometer	= 100 Meter)
Deka-	bedeutet	Zehn-	(1 Dekameter	= 10 Meter)
Dezi-	bedeutet	Zehntel-	(1 Dezimeter	$= \frac{1}{10}$ Meter)
Zenti-	bedeutet	Hundertstel-	(1 Zentimeter	$= \frac{1}{100}$ Meter)
Milli-	bedeutet	Tausendstel-	(1 Millimeter	$= \frac{1}{1000}$ Meter)